"Mi buen amigo R. T. Kendall hace u...
iglesia al arrepentimiento y la rectit...
Integridad profética es una fuente c ... .ge del
corazón de un pastor y estudioso, enfocado en la naturaleza de Dios y en
cómo podemos conocerlo y confiar en él. Al leer este libro descubrirás una
manera de avanzar que te permita unir e inspirar tanto a los cristianos
como a las iglesias en su búsqueda por cumplir la misión de Cristo hasta
que venga por su pueblo".

—Dr. Jack Graham, pastor y autor de
Ángeles: Quiénes son, qué hacen y por qué importan

"*Integridad profética* es un libro oportuno, inspirador y muy práctico.
Es una obra muy necesaria en este momento, incluso es un llamado de
atención piadoso para muchos que valoran el ministerio profético. R.
T. combina la erudición bíblica, la aplicación práctica y la inspiración
divina con sus muchos años de rica experiencia ministerial para dar al
cuerpo de Cristo este don de sabiduría que enriquecerá muchas vidas".

—Mike Bickle, pastor y autor de
Creciendo en el ministerio profético y *Pasión por Jesús*

"Esta obra del Dr. Kendall es un estudio profundo y esclarecedor sobre
la profecía bíblica, en el que se describe cómo utilizarla de manera más
efectiva. Gracias a su amplia experiencia, por décadas, en el uso apropiado
de la profecía, Kendall aporta un valor inestimable al debate sobre cómo
podemos sintonizarnos con la voz de Dios en la actualidad. La lectura
de este libro es imprescindible".

—Brett Fuller, pastor de Grace Covenant Church

"Si alguna vez hay un día para que los profetas se 'presenten ante el Señor',
como lo hizo Elías, debe ser este. Los profetas no pueden menospreciar
este privilegio, pero cuando lo hacen generan confusión e indulgencia.
En el mundo de caos y desconcierto en que vivimos, se necesita la palabra
de los profetas con humildad, claridad, precisión e integridad. El libro
de R. T. es una buena llamada de atención para que seamos hombres y
mujeres que buscan ese lugar secreto de conexión".

—Grant Brewster, pastor de Island Church

"R. T. Kendall lo ha vuelto a hacer! Sí, en su oportuno y revelador libro *Integridad profética* ha logrado captar la perspectiva del siglo veintiuno sobre los maravillosos dones del Espíritu Santo, especialmente en lo referente a la profecía. Puedo decir sin vacilar: 'Disponte a leer este libro con una mente amplia y aprovecha la oportunidad de aprender lo que el Señor quiere que sepas'. R. T. expone las verdades de la Palabra de Dios y expresa la necesidad de permitir que los dones del Espíritu Santo fluyan con integridad al ser transparente en toda su enseñanza. ¿Quieres experimentar a Dios al ciento por ciento? *Integridad profética* te dará las claves para lograrlo. ¡Cambiará tu forma de pensar, desafiará tus puntos de vista y te dará mucho en qué meditar y cómo procesarlo!".

—MARILYN HICKEY

"El movimiento profético enfrenta actualmente una crisis de credibilidad en Estados Unidos y en todo el mundo. La fe en los profetas y en la profecía ha alcanzado un nivel muy bajo en el cuerpo de Cristo, así como también en el mundo al que estamos llamados a servir, ya que ha sido golpeado por una abundancia de profecías no juzgadas e incumplidas. R. T. Kendall, como teólogo dotado, ha pastoreado y aconsejado a algunas de las principales voces proféticas de nuestra generación, por lo que no hay nadie más apto que él para diagnosticar y proporcionar una cura para los problemas intrínsecos que afectan la integridad profética en todo el mundo".

—JIM LAFFOON, Every Nation Churches

"Considero un privilegio conocer al Dr. Kendall como un querido amigo, alguien que practica lo que predica —con el ejemplo—, y cuyo anhelo ha sido honrar a su Dios y ver a su iglesia revivida y bendecida. El espíritu con el que ha escrito acerca de las teologías defectuosas es congruentemente sereno, con una evidente carga en su corazón por la iglesia, por la verdad y por la pureza bíblica así como también por la integridad de la vida del cristiano. En este día de frágil compromiso en el que el mundo se ha infiltrado destructivamente en la iglesia, en vez de que esta se infiltre en el mundo, este libro es necesario y sumamente relevante".

—RVDO. DAVID COHEN

"Una de las señales finales del juicio inminente sobre una nación es el surgimiento de falsas voces proféticas que afirman hablar en nombre de Dios. Voces, cuyas palabras, a menudo contradicen las Escrituras, mientras que al mismo tiempo ofrecen un futuro inexistente de felicidad sin fin. ¿Tenemos la valentía de enfrentar este problema en nuestros tiempos? ¿Podemos corregir nuestro curso de acción actual? ¿Hay esperanza para el movimiento profético de estos días? Este libro de R. T. Kendall sobre nuestra condición actual ofrece esperanza. Sin embargo, es una expectación basada en una verdadera autoevaluación y la humildad de corazón. El profeta auténtico no teme la corrección, al contrario, la acoge con agrado. Su deseo es honrar a Cristo a cualquier costo. Aunque lo falso siempre existirá, las verdaderas voces proféticas avergonzarán a los impostores, como ha sido el caso a lo largo de la historia bíblica".

—CARTER CONLON, pastor de Times Square Church

"He gemido por el estado del movimiento profético: se supone que representemos a Dios, pero se ha demostrado que representamos líneas y opiniones parcializadas; se presume que debemos ser los primeros que estén delante de Dios, pero nos hemos vendido para estar delante de los hombres. Que se levante un estandarte y que la fama de Dios sea restaurada en, y a través de, la iglesia. ¡Que las personas proféticas recuerden que simplemente se nos ha dado una de las herramientas que deben usarse en la única comisión impartida a la iglesia: hacer discípulos de Jesucristo!".

—JOHN E. THOMAS, Streams Ministries

"En los tiempos en que vivimos, no puedo imaginar una voz más calificada que la de R. T. Kendall para hablar sobre el tema de la integridad profética. Desde los famosos teleevangelistas hasta los acreditados conferencistas, desde los predicadores de los medios y las redes sociales hasta los que predican en los púlpitos tradicionales, y desde los cesacionistas hasta los que brindan sus números telefónicos gratuitos —en los que se puede obtener una profecía personalizada, al instante, con solo llamar a un 1-800—, existe una desinformación generalizada y casi sistematizada acerca de la profecía bíblica. El Dr. Kendall tiene un doctorado en Oxford, una gran experiencia en un púlpito reconocido mundialmente —como el de la Capilla de Westminster— y algunos de los materiales más publicados de un pastor teólogo de esta era; nadie está más calificado para hablar de este asunto que él. Este libro aclarará tu forma de pensar, le dará un nuevo impulso a la profecía genuina y producirá libertad en tu iglesia".

—JOEL C. GREGORY

INTEGRIDAD
PROFÉTICA

Conformemos nuestras palabras
a la Palabra de Dios

INTEGRIDAD
PROFÉTICA

R.T. KENDALL

CASA
CREACIÓN
Para vivir la Palabra

Para vivir la Palabra

MANTÉNGANSE ALERTA;
PERMANEZCAN FIRMES EN LA FE;
SEAN VALIENTES Y FUERTES.
—1 CORINTIOS 16:13 (NVI)

Integridad profética por R.T. Kendall
Publicado por Casa Creación
Miami, Florida
www.casacreacion.com
©2023 Derechos reservados

ISBN: 978-1-955682-95-4
E-book ISBN: 978-1-955682-96-1

Desarrollo editorial: *Grupo Nivel Uno, Inc.*
Adaptación de diseño interior y portada: *Grupo Nivel Uno, Inc.*

Publicado originalmente en inglés bajo el título:
Prophetic Integrity
Publicado por Thomas Nelson, Inc.
Nashville, TN, U.S.A.
© 2022 R. T. Kendall
Todos los derechos reservados.

Nota de la editorial: Aunque el autor hizo todo lo posible por proveer teléfonos y páginas de internet correctos al momento de la publicación de este libro, ni la editorial ni el autor se responsabilizan por errores o cambios que puedan surgir luego de haberse publicado.

Impreso en Colombia

23 24 25 26 27 LBS 9 8 7 6 5 4 3 2 1

CONTENIDO

PRÓLOGO

Tal como el hombre, R. T. Kendall, así es su nuevo libro: los dos están llenos de maravillosas sorpresas. Pero antes de hablar acerca de su obra, permíteme unas breves palabras acerca del hombre, que todavía está fortalecido a la edad de ochenta y seis años (al momento de escribir este artículo), lleno de convicción, de audacia y lleno de curiosidad. Un hombre que continúa su búsqueda de la verdad dondequiera que esta lo lleve, combinando la perspicacia del teólogo —con un doctorado de la Universidad de Oxford— y la profundidad espiritual de un carismático que se ha movido mucho en los círculos proféticos. Eso es ese hombre que ha producido este libro provocador y oportuno.

Sin embargo, para ser muy sincero, cuando R. T. me pidió que escribiera este prólogo, acepté de inmediato, consciente de que compartíamos algunas de las mismas preocupaciones sobre los abusos proféticos contemporáneos, además del mutuo celo que sentimos por la honra del Señor y la salud de su Cuerpo. Además, somos hombres dedicados tanto a la Palabra como al Espíritu. Así que supuse que estaría diciendo "amén", página tras página, pensando mientras leía: Eso es exactamente lo que yo también habría escrito. Sin embargo, resulta que me quedé corto, obtuve más de lo que esperaba.

Poco sabía yo que estaría leyendo capítulos enteros tratando acerca de la gloria de Dios y el Dios de la gloria. Tampoco sabía que ahondaríamos en el grave error teológico conocido como teísmo abierto. Ni que me enteraría de las reuniones de R. T. con Yasser Arafat y con Yogui Berra. Ni que escucharía a R. T. expresarse sobre los "miles" de errores que ha cometido a lo largo de los años en términos de exponer en forma adecuada lo que escuchó decirle el Señor. ¡Hablando de sorpresas!

Además está el divertido relato de la reunión privada que R. T. sostuvo con un supuesto profeta que él pensó que podría ser falso o del diablo. Por lo que, en una secreta y silenciosa expectativa —mientras conversaban— R. T. le suplicaba a Dios —por la sangre de Cristo— que lo protegiera, solo para que ese profeta le dijera exactamente lo que él mismo había estado orando en su mente. Pero R. T. contará esta historia más adelante, para hablar acerca de lo que es ser tutelado por D. Martyn Lloyd-Jones, su notable predecesor en la Capilla de Westminster, en el próximo aliento.

También hubo muchas y excelentes gemas, página tras página, incluida la predicción de R. T. en cuanto a un "gran despertar" venidero en el que, como lo expresó un colega: "Aquellos que vengan a escuchar verán y los que vengan a ver escucharán". R. T. también describió la gloria de Dios como "la dignidad de su voluntad" (algo que, nunca antes, yo había escuchado).

Hubo, además, muchas preguntas de sondeo como, por ejemplo, "¿Crees que a Dios le importe que nos enfoquemos en la política más que en la razón por la que Jesús murió en la cruz? ¿Acaso nos interesa más quién es el presidente que ver a las personas acudiendo al Señor Jesucristo con fe? ¿Estamos más interesados en preservar nuestro cómodo estilo de vida que en promover la honra y la gloria de Dios?".

Y esto: "¿Qué le interesa a Dios? ¿No es su honra y su propósito el tema que trasciende cualquier otro asunto? Además, ¿es posible que Dios haya quitado la mano de nuestra nación?".

En cuanto a los aspectos más controvertidos del libro de R. T., colocaría los dos siguientes en el tope de la lista: primero, su convicción de que el movimiento carismático actual representa más a Ismael que a Isaac, a pesar de lo bueno que ha resultado y pese a la genuina operación de los dones espirituales; y, segundo, que nunca debemos decir "Dios me dijo" (o algo similar), ya que hacerlo es tomar el nombre de Dios en vano y violar el mandato de Jesús de que nuestro sí sea sí y nuestro no sea no. ¿Está R. T. en lo correcto? Si es así, entonces Agabo se equivocó en el Nuevo Testamento cuando usó la fórmula "Esto dice el Espíritu Santo" en Hechos 21. (Según R. T., Agabo *erró* al hablar de esa manera).

Porque, según R. T., cuando decimos: "El Señor me dijo", "usamos mal el nombre de Dios" y estamos "alardeando" de nuestra relación con él. Es más, argumenta que "aun cuando podamos sentir profundamente que tenemos un mensaje del Señor, no es necesario afirmarlo explícitamente. ¡Uno debe dejar que la otra persona juzgue por sí misma si lo que decimos proviene realmente del Señor o no". ¿Está en lo correcto?

¿Y qué ocurre con la distinción que establece R. T. entre la promesa de Dios y el juramento de Dios? ¿Y qué de su exhortación en cuanto a que escuchemos el juramento de Dios antes de hablar en su nombre con absoluta certeza? ¿Y qué de la importancia de entender la soberanía de Dios en lo que respecta al ministerio profético? ¿Y qué del hecho de que el Señor confiaría más en nosotros si aprendiéramos a guardar sus secretos?

Estas son algunas de las preguntas que podrás responder a medida que leas las páginas que siguen, las que te estimularán a profundizar tanto como te edifiquen e informen. Para mí, en lo personal, leer este libro no solo ha aumentado mi deseo de ser un fiel testigo del mensaje del Señor. También me ha instado a repensar algunos temas que había considerado anteriormente y pensar por primera vez en otros que nunca antes había apreciado. Por eso, estoy en deuda con mi estimado colega mayor. Creo que sentirás lo mismo cuando leas *Integridad profética*.

Dr. Michael L. Brown,
autor de los libros *Jugar con fuego santo*,
¿Gay y cristiano? y *Resurrección*

RECOMENDACIÓN ESPECIAL DE CARTER CONLON

"Yo he oído lo que aquellos profetas dijeron, profetizando mentira en mi nombre, diciendo: Soñé, soñé. ¿Hasta cuándo estará esto en el corazón de los profetas que profetizan mentira, y que profetizan el engaño de su corazón?".

—JEREMÍAS 23:25-26 RVR1960

Una de las señales finales del juicio inminente sobre una nación es el surgimiento de falsas voces proféticas que afirman hablar en nombre de Dios. Voces, cuyas palabras, a menudo contradicen las Escrituras, al mismo tiempo que ofrecen un futuro inexistente de felicidad sin fin. ¿Tenemos la valentía de enfrentar este problema en nuestros tiempos? ¿Podemos corregir nuestro curso de acción actual? ¿Hay esperanza para el movimiento profético de estos días? Este libro de R. T. Kendall sobre nuestra condición actual ofrece esperanza. Sin embargo, es una expectación basada en una verdadera autoevaluación y la humildad de corazón. El profeta auténtico no teme la corrección, al contrario, la acoge con agrado. Su deseo es honrar a Cristo a cualquier costo. Aunque lo falso siempre existirá, las verdaderas voces proféticas avergonzarán a los impostores, como ha sido el caso a lo largo de la historia bíblica.

"No envié yo aquellos profetas, pero ellos
    corrían;
yo no les hablé, mas ellos profetizaban.
Pero si ellos hubieran estado en mi secreto,
    habrían hecho oír mis palabras a mi pueblo,
y lo habrían hecho volver de su mal camino,
    y de la maldad de sus obras".

—JEREMÍAS 23:21-22 RVR1960

Carter Conlon,
Times Square Church, Nueva York

PREFACIO

En este libro me autonombro como pacificador. Me dirijo tanto a las iglesias carismáticas como a las evangélicas propiamente dichas. Vale aclarar desde ya que, cuando me refiero a evangélicos, hablo de evangélicos tradicionales o conservadores. Ahora bien, la cuestión no se trata simplemente de que las personas proféticas se equivoquen. Las iglesias no carismáticas tienen sus propias decepciones y prejuicios similares. Como pacificador, puede que sea objeto de resentimiento por tratar de lograr que las personas se escuchen entre sí.

Este libro trata acerca de Dios y sus atributos: si Dios es todopoderoso, omnisciente y soberano. Escribo con la mayor sencillez que puedo. Mi objetivo es honrar al Dios de la Biblia y mostrar que él no cambia (Malaquías 3:6).

Lamento que se necesite un libro como este. Oro de rodillas para que sea un llamado de atención para los cristianos en todas partes. Quiero que este libro marque la diferencia para siempre.

Agradezco mucho a Alyn Jones, pastor asociado principal de la congregación Grace Center en Franklin, Tennessee, por sus agudas críticas con respecto a este libro. Él leyó el manuscrito original con mucha amabilidad y me ayudó con sus sugerencias. Eso no significa que concuerde con todo lo que escribí, pero para mostrar mi agradecimiento le dedico este libro a él y a su encantadora esposa A. J. (Sí, ella también tiene sus iniciales).

Estoy en deuda con mi amigo británico, el Dr. Graham Ferguson Lacey, por sugerirme inicialmente que escribiera este libro y luego rogarme que hiciera la tarea mientras esperaba que alguien más lo hiciera. Me rendí, y el libro que ahora estás leyendo es el resultado.

También quiero agradecer a Stan Gundry, vicepresidente sénior y editor de Zondervan Reflective, Zondervan Academic y Study Resources, por recomendarme que publicara esto con Thomas Nelson. Agradezco especialmente a mi nuevo editor, Dale Williams, por sus consejos. Ha sido fantástico trabajar con él; me ha ayudado maravillosamente, superando mis mayores expectativas. Debo agradecer calurosamente a Daniel Saxton por mostrar los cambios necesarios en mi manuscrito después de que pensé erróneamente que estaba listo. ¡HarperCollins Christian Publishing tiene los mejores editores bajo el sol! Por último, quiero expresar mi gratitud a Emily Voss por su agradable y útil ayuda para finalizar la publicación de este libro.

Mi más profundo agradecimiento, sin embargo, es para mi esposa Louise, mi mejor amiga y crítica, conocida por algunos de mis amigos como Misia Salomón, por su sabiduría.

R. T. Kendall
Nashville, Tennessee

INTRODUCCIÓN

El cristianismo estadounidense está bajo una nube. Una bomba de proporciones incalculables ha infligido recientemente daños atroces a una gran parte de la iglesia en esta nación: un peligroso error de juicio entre muchos cristianos carismáticos e inmoralidad grave por un famoso apologista evangélico.

¿Eres uno de los que predijo seguro que Donald Trump cumpliría un segundo mandato como presidente de Estados Unidos? ¿Fue eso porque Dios te dijo que sería reelegido?

¿Sigues conmocionado por el escándalo sexual del difunto apologista Ravi Zacharias? ¿Cómo podría un hombre con su intelecto y de su calibre, cuyo funeral incluyó un emotivo discurso del exvicepresidente Mike Pence, haber llevado una doble vida?

En el Reino Unido, donde Louise y yo hemos pasado treinta y cinco años, el movimiento carismático es aceptado en la corriente principal de la religión. Por ejemplo, Justin Welby, el arzobispo de Canterbury, es un carismático muy reconocido. En Estados Unidos, sin embargo, este movimiento se considera algo extremista o fuera de lo común. Una bomba de proporciones incalculables ha caído en este país y ha estallado sobre evangélicos no carismáticos y carismáticos. Estos fueron acosados por el vergonzoso fracaso de personas proféticas que sin vergüenza y unilateralmente proclamaron en el nombre de Dios que Donald Trump fungiría por segunda vez consecutiva como presidente de Estados Unidos. ¿No es lógico que debería haber consecuencias por engañar a la gente? Si un cirujano comete un error al operar a un niño, lo siguiente sería realizar una investigación médica en profundidad. Si un piloto calcula mal un aterrizaje y estrella un avión, la Autoridad Federal de Aviación inicia una investigación inmediata. Si un juez comete un error, un tribunal superior revisa el asunto en apelación. Un profeta en Estados Unidos hace una predicción, cuyo resultado tiene implicaciones para todo el mundo, y se equivoca. ¿Y qué sucede? Absolutamente nada.

¿Por qué importa esto? Después de todo, una profecía equivocada sobre el futuro del liderazgo estadounidense no se trata de la muerte de un niño, o de decenas de personas que mueren en una pista, o de alguien a quien se le niega la justicia. ¿A quién le importa? Importa si tomamos la Biblia en serio. Aunque la Sagrada Escritura permite que los profetas sean tocados por la fragilidad de la humanidad, no permite una actitud arrogante en la que aquellos que creen tener el don profético puedan decir: "Así dice el Señor" o "Dios me dijo" sin escrutinio ni consecuencia. Y eso se debe a una muy buena razón. Cuando un profeta afirma hablar con la voz de Yahvé, el Dios de toda la tierra, el nombre de Dios, está en juego.

Y debido a que el nombre de Dios está en juego, los profetas genuinos no se atreven a profetizar según sus propias opiniones o deseos personales. Los profetas bíblicos, después de todo, a menudo iban en contra de sus propios intereses. La Biblia dice que Dios revela sus secretos a los que le temen (Salmos 25:14 RVR1960). El temor de Dios trasciende el deseo de vindicación inmediata del verdadero profeta.

Lo último que quiero hacer es señalar con el dedo a los carismáticos o a los evangélicos conservadores o tradicionales. Yo encabezo la lista de los que han caído presa del indeseable hábito de decir: "Dios me dijo", y soy culpable de casi todas las deficiencias de las que hablo en este libro. Mi oración ardiente, al escribir esta obra es que hable con amor, con sincera simpatía y con compasión tanto por los evangélicos como por los carismáticos.

Entender mis antecedentes puede resultar útil. Tengo la reputación de ser un carismático reformado. Teológicamente, estoy del lado de aquellos que se adhieren a las doctrinas de la gracia en el calvinismo histórico. También concuerdo con aquellos que creen en los dones del Espíritu Santo como la profecía, la sanidad, los milagros y el hablar en lenguas.

Admito que tengo un propósito relevante al escribir este libro. Espero lograr dos cosas: Primero, que los carismáticos en general y las personas proféticas en particular acepten la corrección necesaria. Segundo, espero lograr que los evangélicos no solo miren a los carismáticos con menos prejuicios, sino que estén dispuestos a pedirle a Dios que los haga más sensibles al testimonio "inmediato y directo" del Espíritu Santo. Aunque el difunto Luis Palau dijo una vez: "Estados Unidos es la nación más difícil del mundo para lograr que las denominaciones trabajen juntas", dichosamente no estoy tratando de unir las denominaciones. Solo te pido, amable lector, que consideres las cuestiones teológicas que planteo en esta exposición.

Aquí, al principio de este escrito, quiero hacer algunas preguntas.

¿Eres carismático? ¿Estabas completamente convencido de que Donald Trump serviría otros cuatro años en la Casa Blanca? ¿Por qué estabas tan seguro? ¿Eres profeta? ¿Profetizaste que Joe Biden sería el próximo presidente? ¿Si no es así, por qué? Después de todo, fue investido como presidente el 20 de enero de 2021. ¿Crees que Dios sabía que él sería el próximo presidente?

¿O eres uno de los que insistió en que Joe Biden, en efecto, perdió las elecciones porque los demócratas se las robaron? ¿Estás afirmando que Donald Trump realmente ganó las elecciones, insistiendo en que tu predicción fue correcta todo el tiempo?

¿Eres evangélico conservador? ¿Es posible que tus sentimientos con respecto a los temas políticos se hayan convertido en tu preocupación más ardiente? ¿Has permitido que tu amor por Estados Unidos y nuestras preciadas tradiciones se conviertan en tu primer amor? ¿Ha reemplazado la preocupación por la política lo que debería ser tu primer amor, a saber, la verdad sobre la difusión del evangelio de Jesucristo?

Ravi Zacharias fue uno de los apologistas cristianos más respetados de nuestra generación. Nunca conocí a nadie como él. Fue un hombre extraordinario. Muy dotado. Un verdadero genio, una mente que aparece una vez cada siglo. Y, sin embargo, las historias posteriores a su muerte fueron confirmadas por todos los que investigaron los rumores y han destruido su credibilidad. Las librerías cristianas de todo Estados Unidos han retirado sus libros de los estantes.

Nunca en mi vida había visto tal catástrofe afligiendo a la iglesia cristiana.

Conocí personalmente a Ravi Zacharias. En 2004, aceptó amablemente mi invitación a acompañarme a Israel para reunirnos con líderes israelíes y palestinos. A mis ojos, nunca hubo un hombre más piadoso que Ravi. En retrospectiva, todavía me atormenta un incidente con él, en el que recurrió al estilo de hablar "Dios me dijo". En la mañana en la que planeamos manejar hasta Ramallah, Ravi nos contó al canónigo Andrew White (ex enviado del arzobispo de Canterbury al Medio Oriente) y a mí algo como lo que sigue: "El Señor me dijo anoche, en un sueño, que no debía reunirme con Yasser Arafat". Aquello nos extrañó, ya que esa reunión fue una de las principales razones por las que vino a Israel conmigo. Estaba perplejo, casi avergonzado, ya que yo era el responsable de su visita, pero —a pesar de mi decepción— fui a Ramallah sin él. Ese repentino cambio de opinión en Ravi muestra que, desde el cristiano menos conocido hasta el más famoso, muchos son víctimas del síndrome "Dios me lo dijo". Y, sin embargo, la revelación de la disoluta vida privada de Ravi le ha dado al mundo entero toda la munición que ha querido para rechazar al cristianismo ortodoxo. He estado en el ministerio por más de sesenta y cinco años. He hablado con muchas denominaciones y sé personalmente cómo piensan los carismáticos y los evangélicos conservadores. Sé lo que los "motiva". En este libro expondré lo que sé acerca del hábito "Dios me dijo", que es una forma común de hablar para muchos cristianos. Reconozco que yo mismo lo he practicado con demasiada frecuencia. Es un hábito difícil de abandonar.

Quiero preguntar, ¿qué es lo que le importa a Dios? ¿No es su honra y su propósito el tema que trasciende todos los demás? Otro asunto no menos relevante, ¿es posible que Dios haya quitado la mano de Estados Unidos de América?

Capítulo 1

MI ENCUENTRO CON LO PROFÉTICO

Él mismo constituyó a unos, apóstoles; a otros, profetas; a otros, evangelistas; y a otros, pastores y maestros, a fin de capacitar al pueblo de Dios para la obra de servicio, para edificar el cuerpo de Cristo. De este modo, todos llegaremos a la unidad de la fe y del conocimiento del Hijo de Dios, a una humanidad perfecta que se conforme a la plena estatura de Cristo. Así ya no seremos niños, zarandeados por las olas y llevados de aquí para allá por todo viento de enseñanza y por la astucia y los artificios de quienes emplean artimañas engañosas.

—Efesios 4:11-14

No desprecien las profecías, sométanlo todo a prueba, aférrense a lo bueno.

—1 Tesalonicenses 5:20-21

INTEGRIDAD PROFÉTICA

Al principio podríamos esperar que los profetas
del Nuevo Testamento fuesen como los del Antiguo
Testamento. Pero, cuando vemos a través del Nuevo
Testamento mismo, este no parece ser el caso.

—WAYNE GRUDEM

He sido predicador por mucho tiempo. Sin embargo, mi encuentro con lo profético solo sucedió después de haber estado ministrando durante treinta y cinco años. El ministerio profético fue un ámbito novedoso para mí, un mundo de lo bueno, lo malo y lo feo. Antes de esa experiencia, en los primeros tiempos de mi servicio ministerial, entendía la profecía algo diferente. La iglesia en la que me crié enfatizaba las señales de los tiempos, el Anticristo, el rapto de la iglesia, la gran tribulación y el libro de Apocalipsis. La profecía se asociaba con "los últimos días", no con ningún tipo de personas.

En mis años universitarios, tomé un curso sobre el Nuevo Testamento en Trevecca Nazarene College (ahora universidad) y sentí seguridad de que entendía el libro de Apocalipsis. Nunca olvidaré el día en que mi profesor preguntó: "La próxima semana llegamos al libro de Apocalipsis. No tengo mucha certeza de que entienda este libro. ¿Hay alguien aquí que lo comprenda?". Mi mano se disparó como un misil Polaris. "Ah, hermano Kendall, ¿le gustaría enseñar el libro de Apocalipsis?", me dijo. A lo que respondí: "Por supuesto"; así que acepté y, una semana después, enseñé a la clase lo que sabía. Expuse sobre el rapto pretribulacionista, el hombre de pecado y el milenio. Pensé que había hecho un trabajo brillante, por lo que no podía esperar nada más que los elogios de mis compañeros de clase y los del profesor. Sin embargo, uno de estos simplemente me preguntó —en tono muy sarcástico— si siempre hablaba con tanta seguridad. Mi profesor me agradeció de manera amable, a la vez que me dijo: "Puede que tengas razón, pero ¿quién sabe?". Fue una experiencia humillante, pero seguí obsesionado con la profecía de los últimos tiempos.

Unos años más tarde, a fines de la década de 1950, prediqué sobre la profecía escatológica en mi iglesia en Palmer, Tennessee. Mi padre estaba presente, de modo que me sentí ansioso por escuchar lo que pensaba. Le tomó más de una hora manifestarme sus pensamientos. "Hijo", empezó, "permíteme que te diga algo que proviene de la persona por la que te puse tu nombre, el Dr. R. T. Williams. Él dijo: 'Jóvenes, aléjense del tema de la profecía. Dejen que eso lo hagan los ancianos. De esa manera no estarán presentes para ver sus errores'". En consecuencia, pasaron muchos años antes de que volviera a hablar sobre profecía o las señales de los tiempos.

Mi principal mentor, el Dr. Martyn Lloyd-Jones, también afirmaba que la finalidad de la Biblia no es sustituir el don profético revelador, sino que es para corregir los abusos. Esto me ayudó a comprender que la profecía era una comunicación directa de Dios que puede referirse al pasado, presente o futuro, y que probar dicha comunicación era parte del ministerio.

Avancemos hasta principios de la década de 1990, cuando descubrí un nuevo significado de la profecía y lo profético. Esa temporada cambió mi vida y mi ministerio por completo.

Los profetas de Kansas City

El libro *Some Said It Thundered*, escrito por el obispo anglicano David Pitches, fue un éxito de ventas en el Reino Unido a principios de la década de 1990. Ese libro nos presentó, a muchos ministros y a mí, en todo el mundo a los "Profetas de Kansas City". Se presentaron varios profetas, especialmente Paul Cain (1929-2019), Bob Jones (1930-2014) y John Paul Jackson (1950-2015). Esos hombres partieron al cielo en los últimos años. También se mencionaba a James Goll y Larry Randolph, amigos míos que ahora viven en el área de Nashville. Todos esos hombres fueron los principales oradores en una importante conferencia profética en Kansas City, por lo que el obispo Pitches les dio el apodo de "Profetas de Kansas City".

Llegué a conocer a esos cinco profetas de Kansas City, especialmente a Paul Cain y John Paul Jackson. Paul Cain fue considerado como el más espectacular. Se decía que era un protegido de William Branham (1909-1965), un profeta que escuché en Parkersburg, West Virginia, en 1957. Mi papá decía que en cierto momento Branham miró en su dirección y le dio una palabra profética alentadora, la que esperaba que se aplicara a mí. Lo que impresionaba de Branham era cómo llamaba por nombre a las personas con un alto nivel de precisión. También oraba por los enfermos. Sin embargo, había algo extraño en el ministerio de Branham: exigía que la gente respondiera "sí" cuando preguntaba: "¿Crees que soy el profeta de Dios?". Después de orar por varias personas, perdía fuerzas, caía hacia atrás y lo sacaban de la plataforma. Paul Cain dijo repetidas veces que su propio don era diminuto comparado con el de William Branham.

El ministerio profético de Branham precedió al de los Profetas de Kansas City. Hasta donde sé, él fue el primer profeta en llamar públicamente a la gente y orar para que fueran sanados. Sus visiones eran extraordinarias; por ejemplo, Paul Cain me dijo que una mañana en el desayuno, Branham describió con gran detalle el sueño que Paul tuvo la noche anterior.

En ese tiempo, me inquietaba la idea del ministerio profético. Los profetas tenían programado visitar una prominente iglesia anglicana en Londres, por lo que es probable que yo estuviera celoso de que no vinieran a mi congregación. Pensé que si Dios iba a visitar Londres de una manera inusual, la Capilla de Westminster hubiera sido mejor que una iglesia anglicana. En mi grey, teníamos días de oración y ayuno. Una vez arriesgué mi reputación al invitar a Arthur Blessitt, el hombre que ha llevado una cruz alrededor del mundo, a predicar en mi púlpito, lo que casi hace que me despidan.

En mi inconsciente fariseísmo, sentí que nosotros en la Capilla de Westminster, merecíamos que Dios nos honrara más que la Iglesia de Inglaterra, ¡que estaba llena de gente aristocrática de acento refinado!

Pero estaba equivocado.

Bob Jones

El caso es que se corrió la voz de que yo quería conocer a algunos profetas. John Wimber (1934-1997), pastor de Anaheim Vineyard y líder del movimiento Vineyard, amablemente nos llevó a Louise y a mí a Anaheim, California. Durante el desayuno en nuestro hotel, Bob Jones se sentó a la mesa frente a mí. Como sabía que él era uno de los profetas, estaba nervioso y cauteloso, por lo que comencé a orar fervientemente en mi corazón: "Jesús, cúbreme con tu sangre". "Jesús, cúbreme con tu sangre". "Jesús, cúbreme con tu sangre". Mientras oraba estas palabras, Bob sonrió y dijo: "Jesús, cúbreme con tu sangre". Luego me miró y continuó: "Es bueno que hayas orado eso". Dios mío, pensé. Este hombre conoce mis propios pensamientos. Me avergonzó que Bob supiera que yo dudaba de su don profético. Pero, ¿qué podría decir?

¡No todos los profetas leen la mente! Pero algunos, les guste o no, tienen ese don.

Lo que inicialmente supe sobre Bob Jones fue a través de historias que me contaron Ricky Skaggs y Mike Bickle, este último pastor y fundador de International House of Prayer, en Kansas City. Pero pude experimentar en persona el ministerio de Bob, sobre todo cuando pronunció algunas palabras de consuelo que me ayudaron a superar un momento dificultoso. Me operaron a corazón abierto en Nashville, en 2008, y Ricky llevó a Bob a mi cama el día después de mi cirugía. Mientras el efecto de la anestesia desaparecía, Bob estuvo a mi lado y profetizó durante —al menos— una hora. Lo recuerdo diciendo que me veía como una "cobertura", bajo la cual había personas de distintas perspectivas, como la gente de la Palabra y la gente del Espíritu. Eso significó mucho para mí.

No contaré las historias que escuché sobre Bob que relataron Mike y Ricky, ya que saldrán a la luz en cuestión de tiempo, una vez que se escriba la biografía de Bob. Sin embargo, eran bastante extraordinarios y comparables a lo que la gente decía sobre Paul Cain.

Paul Cain

Antes de que los Profetas de Kansas City llegaran a Londres, Paul Cain le habló proféticamente a John Wimber y predijo que el avivamiento llegaría a Londres en 1990. La noticia se extendió. En el extranjero se rumoreaba que las predicciones de Paul Cain siempre se cumplían. John Wimber me dijo una vez que Paul había dicho palabras proféticas sobre ciento cincuenta familias en su iglesia, en California, y nunca se equivocó.

Cuanto más escuchaba sobre Paul Cain, más quería conocerlo, y muchos otros sentían lo mismo. Sentí que me había ganado un gran premio cuando un amigo mío me dio el número de teléfono de

Paul. En noviembre de 1990, Paul y yo nos reunimos para almorzar en un hotel cerca de Tower Bridge, en Londres, y mi amigo cercano Lyndon Bowring nos acompañó.

Más tarde supe que John Wimber se había encontrado con Reed Grafke, el ayudante de Paul, y le dijo: "Reed, quiero que Paul conozca a alguien: R. T. Kendall".

Reed respondió: "Están almorzando en este momento". Cuando John se dio cuenta de que Paul y yo estábamos juntos, él y Reed oraron en el estacionamiento por nuestra reunión.

Aunque estaba muy ansioso por conocer a Paul, aún tenía un fuerte escepticismo cuando nos reunimos. Eso lo desconcertó. Más tarde me informó que, cuando alguien no estaba seguro de él, sentía la incomodidad. Pero luego me dijo: "Cuando escuché tu nombre, aunque nunca había oído hablar de ti, me emocioné mucho. Han pasado años desde que me sentí tan emocionado por conocer a alguien". Me sentí muy halagado, pero después me enteré de que le decía lo mismo a todas las personas que conocía.

Mientras almorzábamos, Paul me contó cosas sobre mi vida que eran imposible que él pudiera saber. Tenía una perspectiva acertada de mi psicología, por lo que me llamó "inconforme" pero reconoció que yo anhelaba "justificación". También me dijo algo sobre un bloqueo mental que percibió en mí. Esas percepciones mejoraron mi actitud hacia él. No puedo decir que eso proviniera del Espíritu Santo o de los halagos, pero estuvimos hablando alrededor de una hora.

Unos días después de nuestro almuerzo de trabajo, Paul acudió a nuestra Escuela de Teología en la Capilla de Westminster. Después que terminé de enseñar, lo presenté y le pedí que hablara a la congregación, ya que la mayoría de los miembros no lo conocían. Lo que nos dijo fue lo siguiente: "Busquen el rostro de Dios, no su mano". Con eso quiso decir que debemos anhelar conocer a Dios por lo que él es, no para pedirle que haga cosas por nosotros. Al igual que yo, la congregación quedó impresionada.

Después de la sesión de la Escuela de Teología, Paul y yo salimos a comer al Aberdeen Steak House en la calle Victoria. Mientras comíamos, le dije: "Paul, tú necesitas mi teología. Y yo necesito tu poder".

"De acuerdo, trato hecho", respondió.

El concepto de Palabra y Espíritu, como se ha llegado a conocer, se plantó en esa reunión. Esa noción se convirtió en una conferencia que enfatizaba tanto la importancia de la Palabra de Dios como la experiencia personal del Espíritu Santo. Me extenderé en el tema más adelante.

Unos meses más tarde, Paul me llamó por teléfono para decirme que estaría en Londres al día siguiente. Él vivía en Dallas, Texas, y afirmó que el Señor le había dicho: "Ve a Londres de inmediato". Quería escucharme predicar y comprender mi teología reformada, que era totalmente nueva para él. Encontramos un lugar para que se quedara al otro lado de la calle de la capilla. Llámese coincidencia o providencia que él escogiera ese tiempo para visitar, porque yo tenía algunas fechas reservadas firmemente para predicar en varios lugares de Inglaterra durante las siguientes dos semanas. Dado que era inusual para mí que me invitaran a predicar con tanta frecuencia, tomé eso como una señal de Dios en cuanto a nuestra relación. De modo que Paul me escuchó predicar, casi todas las noches, en algún lugar de Inglaterra, recibiendo una buena dosis de mi teología. ¡Yo creía que estaba siendo guiado para ayudarlo! ¿O caso me equivocaba?

A pesar de la maravillosa conexión que había hecho con Paul, su profecía acerca del avivamiento que llegaría a Londres en 1990 no sucedió. Por tanto, nos decepcionamos. ¿Fuimos engañados por lo que Paul profetizó acerca de Londres? ¿Se equivocó Paul en cuanto a eso? Cuando le pregunté sobre la profecía, se puso a la defensiva: "Dije que habría 'señales' de avivamiento". Pero esperábamos mucho más que muestras de avivamiento. Me asombraba la forma en que Paul ejercía el ministerio profético, pero no la manera en que evitaba la corrección. Eso siempre me preocupó.

En octubre de 1992, Paul y yo celebramos nuestra primera actividad denominada "Palabra y Espíritu" en el Centro de Conferencias de Wembley, Londres. Lyndon Bowring presidió la reunión y Graham Kendrick escribió un himno que destacaba la Palabra y el Espíritu, titulado "Jesús, restáuranos de nuevo". Estuvieron presentes unas 2.500 personas, en su mayoría carismáticos. Esa fue una poderosa experiencia de predicación para mí. Diré más acerca de lo que enseñé ese día en el capítulo que lleva por nombre "Palabra y Espíritu".

Mi familia creció cercana a Paul; incluso pasó algunas vacaciones con nosotros en Cayo Largo, Florida. Nunca olvidaré una conversación que tuve con él en mi lugar de pesca favorito, cuando el pez macabí que trataba de capturar no parecía estar cerca. En esa ocasión, le dije a Paul que había estado orando al Señor y pidiéndole al Espíritu Santo una señal clara que confirmara nuestra unión. Sin embargo, a él le dolió que yo no estuviera seguro de ello, ya que previamente había indicado que él y yo íbamos a tener un ministerio de Palabra y Espíritu juntos. Sí, eso me había entusiasmado mucho, pero quería estar seguro. "¿No es esto sorprendente?", comentó Paul. "Cualquiera en el planeta daría todo lo que tiene por estar conmigo y tú ni siquiera estás seguro de que debamos estar juntos". El don profético de Paul era tan poderoso que podía confundirse con Elías o Eliseo. El hecho de que quisiera estar vinculado conmigo me hizo muy feliz y pensar que Dios quería eso me dio aún mayor seguridad de que estaba en su voluntad. Sin embargo, por alguna razón, no obtenía la claridad que buscaba.

Uno nunca sabía cuándo "se activaría" el don profético de Paul. Perdóname por usar esa expresión; aprendí muchas frases que describen la actividad profética. Paul, de repente, decía o hacía algo que nos sorprendía. Es por eso que describo sus dones de esta manera.

A Paul le encantaba el programa televisivo *Columbo*, el detective. Recuerdo que una noche, viendo esa serie con Paul, sonó el teléfono. Nuestro amigo Benjamin Chan había ido a buscar la cena y estaba llamando para preguntar si a Paul le gustaba la comida china. "Ese hombre será un buen diácono", interrumpió Paul. "Tuvo un hijo, William, que no es un nombre muy chino. Su hijo ya está en el cielo porque murió a causa de un agujero en el corazón. Pero él y su esposa ahora tienen otro hijo, Wing Yung, que si tiene un nombre bien chino". Esa ocurrencia espontánea de Paul sucedió en segundos, y fue notable porque Paul no sabía que yo había visitado a Benjamin, a su esposa Fong Hah Chan y a su hijo William, cuando estaba gravemente enfermo por el agujero que tenía en el corazón. Yo había llorado mientras sostenía el tibio cuerpecito de William en mis brazos minutos después de su muerte. La principal preocupación de Fong Hah era que el pequeño William estuviera en el cielo, pero yo le aseguré que sí estaba allá. Llamé a Benjamin y le dije que la seguridad de que William estaría en el cielo, por la que él y Fong Hah habían orado, había sido confirmada por Paul. ¡La palabra de Paul trascendió lo que les dije a ellos mientras estábamos viendo *Columbo*!

Si uno está buscando el propósito de un don profético, creo que la historia del párrafo anterior responde a ello. De hecho, Benjamin se convirtió en diácono en la Capilla de Westminster dos años después y fue uno de mis más fieles seguidores. Hace unos años, después de mi jubilación, regresé a la Capilla de Westminster como predicador visitante y el hijo de Benjamin, Wing Yung, se convirtió a Cristo bajo mi ministerio. Paul había visto algo mucho antes de que ocurrieran esos acontecimientos.

Como ya dije, Paul tenía el don profético más extraordinario de todos los que he conocido. Todos querían escucharlo. No acudían a sus actividades por su prédica (que era mediocre) sino por su extraña precisión al llamar a la gente en público. Espontáneamente contaría detalles sobre la persona que llamaba que solo él o ella conocían. Por ejemplo, vi a una señora llamada Elizabeth, a quien conocía bien, transformarse por la palabra directa de Paul a ella en medio de uno de sus sermones. Casi todas las personas con las que hablé sobre el ministerio de Paul lo comparaban con Elías. Para mí, sin embargo, ministraba más como Eliseo en 2 Reyes.

Esta no es una biografía de Paul Cain. Aunque pienso que alguien debería escribir sobre su vida y su don. Pero estoy contando estas historias sobre él porque nos ayudan a entender cómo usan los profetas su don en estos tiempos. El estilo profético de Paul, que incluye predicciones, pronunciar los nombres de las personas en los servicios de sanidades y una teología cuestionable, también se puede ver en los profetas de hoy.

Paul preguntó si podía convertirse en miembro de la Capilla de Westminster. Como vivía en Texas, dije que no. Paul me respondió diciendo que si Billy Graham podía vivir en Carolina del Norte y ser miembro de la Primera Iglesia Bautista de Dallas, ¿por qué él no podía ser miembro de la Capilla de Westminster? Le dije que tendría que asistir a la capilla durante seis meses antes de poder presentar una solicitud. "¿Qué pasa si escucho seis meses de tus grabaciones?", preguntó y luego agregó: "Lo que más quiero en mi vida es ser miembro de la Capilla de Westminster". Tal vez sabía que la gente pensaba que él tenía fama de ser teológicamente superficial y esperaba que estar bajo mi ministerio ayudaría a su reputación.

En cualquier caso, llevé la solicitud de Paul a la congregación y votaron unánimemente para permitirle ser miembro. Cuando lo llamé para darle la noticia de que había sido aceptado, respondió: "Ahora puedo decir que soy un ministro reformado".

Todavía creo que Dios me guio a considerar lo profético como lo hice, cosa que le agradezco. Creo en el valor de un ministerio profético firme y fundamentado, y creo que Dios usa lo profético hoy. Pero tuve que adaptarme a la realidad de que la mayoría de los hombres proféticos que conocí no tenían la más mínima formación teológica. Me fue difícil aceptar eso. Era como si su don estuviera desconectado de su doctrina.

Querido lector, es probable que te decepcione, si no te sorprende, que todavía crea en el ministerio profético después de mi amistad con Paul y la debacle más reciente con lo que cité acerca de los profetas carismáticos y la política estadounidense. Es suficiente para que uno descarte categóricamente toda la idea, pero diré algo más.

Paul admitió ante mí que la profundidad de su teología no era más de un centímetro. Me entristeció saber que nunca había leído la Biblia completa. Lo persuadí para que comenzara a seguir el plan de lectura de la Biblia de Robert Murray M'Cheyne, pero no lo hizo. Paul era bastante inteligente, pero no intelectual. Me gustaba mucho como persona. Él y su ayudante Reed fueron muy divertidos y nos reímos mucho juntos. Les encantaba la cocina de mi esposa Louise y comían sus palomitas de maíz cada vez que podían. Una noche, Paul puso su mano sobre el hombre con el que estaba conquistando a nuestra hija Melissa. El dolor de cuello del individuo se curó instantáneamente de una lesión que sufrió. Más tarde, cuando Melissa se alejó del Señor, Louise y yo estábamos muy agobiados, por lo que le preguntamos a Paul: "¿Estará ella bien?". Él respondió: "Tendrás que dejarla ir. Tendrás que esperar. Pero volverá". A Paul le encantaba jugar con las palabras. *Esperar* en este caso podría haber significado *pesar*, ya que eso fue muy pesado para nosotros. Melissa volvió a los pies del Señor años después. Ahora está felizmente casada y vive cerca de nosotros.

Paul me contó, cierta vez, una historia extraordinaria en cuanto a una invitación que le hicieron para predicar en Oklahoma cuando él era muy joven. Mientras predicaba, una dama comenzó a hablar en otras lenguas. Paul le indicó a la señora, respetuosamente, lo siguiente: "Por favor, deténgase. Lo que hace es incorrecto". Pero ella continuó. Él le suplicó por segunda vez. Tras una tercera advertencia, Paul le dijo: "Hermana, usted no está en el Espíritu. Por favor, deje de hablar. Si no lo hace, revelaré lo que sé sobre usted".

Pero la mujer continuó hablando en lenguas. Entonces, según los informes, Paul la interrumpió y le dijo: "Usted tiene una aventura con un hombre que está sentado aquí. Es más, tiene planes de irse con ese hombre esta misma noche. Él está dejando a su esposa por usted". Un silencio sepulcral cayó sobre el salón.

Después de esa palabra reveladora, el pastor de la iglesia se acercó a Paul y le dijo que la reunión estaba terminando. La razón que le dio el pastor fue que la gente no se estaba convirtiendo.

—No es por eso que usted está finalizando la reunión —respondió Paul—. La está terminando porque el hombre adúltero al que me referí esta noche le prometió un millón de dólares para el nuevo edificio de su iglesia.

—Eso es mentira —replicó el pastor.

—Ah, desearía que no hubiera dicho eso —contestó Paul—. Usted no vivirá para predicar en su nuevo edificio.

El pastor, entonces, respondió:

—Paul, por favor, retire lo dicho y lo invitaré en otra ocasión.

Dos años después, Paul recibió una llamada telefónica de un miembro de esa iglesia. Este le informó que el día de la dedicación del nuevo edificio de la iglesia, el pastor entró al vestíbulo y cayó muerto de un ataque al corazón.

Después que Paul me contó esa historia, continuó: "Eso fue cuando yo era joven. Pero decidí que dejaría de llamar a la gente y decirle su pecado; y que solo diría cosas que alentaran a las personas". Varias veces desde entonces, me pregunté si la decisión de Paul de decir solo cosas agradables hizo que el Espíritu se fuera de su ministerio.

Es importante para mí repetir que sigo creyendo en lo profético. Todos cometemos errores. Si no eres carismático, por favor, no te empeñes ni te niegues a ver al menos algo de mérito en lo que sostengo. Esto no es blanco o negro. Si eres carismático, no te pongas a la defensiva, pero mantente receptivo a cualquier corrección.

La última vez que Paul predicó para nosotros en la Capilla de Westminster, comparó la adoración con la neblina y el vapor que se eleva de la tierra para formar nubes que dejan precipitar la lluvia. Dijo que nuestra adoración era como el ciclo hidrológico: sube al cielo y hace descender la bendición del Espíritu Santo. Ese sermón fue transformador. A partir de ese momento decidí agregar a mi tiempo devocional quince minutos de canto en voz alta todas las mañanas y diez minutos todas las noches. Al principio me pareció divertido cantar en voz alta con Louise escuchándome. He continuado practicando eso por los últimos veinticinco años; lo hago todas las mañanas y todas las tardes. Elijo un himnario, un libro de coro y los salmos. Este patrón de devocionales que he seguido no habría ocurrido sin la intervención de Paul Cain.

A pesar de las incongruencias, perplejidades y decepciones que experimenté con Paul, doy gracias a Dios por él. Y aunque su música ruidosa, sus frecuentes y superficiales canciones de alabanza carentes de teología, su bandera ondeando y sus saltos puedan incomodarme, sé que los carismáticos aman a Dios.

Mi encuentro con lo profético

Durante mucho tiempo mi conocimiento de la profecía fue solo escatológico, limitado a los últimos tiempos. Pero los Profetas de Kansas City cambiaron mi perspectiva y me llevaron a lo más profundo con una nueva comprensión del ministerio profético; lo que creó un nuevo mundo para mí.

Capítulo 2

LO BUENO, LO MALO Y LO FEO

"Irrevocables son los dones y el llamamiento de Dios".

—ROMANOS 11:29 RVR1960

"No hay nada encubierto que no llegue a revelarse, ni nada escondido que no llegue a conocerse".

—LUCAS 12:2

"Pueden estar seguros de que no escaparán de su pecado".

—NÚMEROS 32:23

A veces Dios ofende nuestra mente para que podamos conocer nuestro verdadero ser.

—JOHN WIMBER (1934-1997)

INTEGRIDAD PROFÉTICA

Fungí como pastor de la Capilla de Westminster durante veinticinco años (1977-2002). Los años que ministré con personas carismáticas y proféticas en la década de 1990 fueron emocionantes, aunque con muchos altibajos. Para la primavera de 2000, comencé a considerar retirarme de la Capilla de Westminster. No vi señales del cumplimiento del gran avivamiento profetizado por Paul Cain, por lo que acepté el hecho de que eso no ocurriría mientras yo fuera pastor. Empecé a preguntarme qué haría si ya no fungía como pastor de una iglesia. Era (y sigue siendo) demasiado costoso, para la mayoría de la gente, vivir en Londres. Pensaba que nadie me conocía en Estados Unidos. Por eso me cuestioné: ¿Debía mudarme a Cayo Largo, Florida, y dedicarme al aislamiento, pescando por el resto de mis días? Mientras me desesperaba por lo que vendría, escuché las siguientes palabras: "Tu ministerio en Estados Unidos será entre los carismáticos".

¡Estaba muy decepcionado!

Quería ministrar a los evangélicos. Había estudiado en el seminario correcto y, además, obtuve un doctorado de Oxford. Sabía cómo pensaban los evangélicos, por lo que creí que tenía algo que ellos necesitaban. Entonces me vino un pensamiento sobre el apóstol Pablo y su deseo de llegar a los judíos. Sin embargo, el Espíritu lo había dirigido a los gentiles. Por supuesto, no me equiparaba al apóstol Pablo ni pensaba que el ministerio profético estaba a la par con las Sagradas Escrituras. Pero comencé a consolarme al recordar la manera en que la iglesia había crecido cuando el apóstol alcanzó a los gentiles.

Observa el párrafo anterior y verás cómo describí mi proceso de decisión. Utilicé un lenguaje popular en los círculos carismáticos: "me vino un pensamiento". No podría decirte cuántos de esos pensamientos eran míos o de Dios, pero estaba bastante seguro de que eran empujones del Espíritu. No eran llamativos, pero captaron mi atención.

La influencia de evangelistas y profetas de alto perfil en mi vida y ministerio posteriores probablemente aparezca en mi biografía, si es que la escribo. Explicaré cómo las invitaciones que les extendí a Arthur Blessitt y a Paul Cain a la Capilla de Westminster hicieron que los evangélicos se distanciaran de mí. Me dolió profundamente cuando ellos se volvieron en mi contra, aunque los carismáticos me abrazaron. De hecho, mi buen amigo y editor Steve Strang creyó tanto en mí que publicó más de treinta libros míos en Charisma House.

Siento mucha simpatía por los carismáticos. A pesar de mi teología reformada, espero que acepten alguna corrección mía porque soy carismático tanto como evangélico. Y mis correcciones vienen de un buen lugar, ya que también he pasado por los altibajos del ministerio profético. La mejor manera en que puedo resumir mi experiencia dentro del movimiento profético es tomando prestado el título de la película clásica occidental *Lo bueno, lo malo y lo feo*. A lo largo de los años, he visto algo bueno, algo malo y algo feo en personas proféticas, así como en movimientos más grandes.

Lo bueno

En enero de 1991, John Wimber me invitó a asistir a una conferencia profética para conocer a algunas personas importantes en Anaheim Vineyard. Conocí al Dr. Jack Deere, que había sido un cesacionista inflexible antes de convertirse en un conocido hombre del Espíritu. También conocí a Mike Bickle, que estaba ansioso porque conociera a un profeta amigo suyo. Todo resultó extraño en ese encuentro;

antes de que comenzara, tenía que esperar en una habitación que se parecía mucho a la sala de espera de un médico. La sensación de esperar a que un galeno me invitara a una revisión médica no cambió cuando al fin me llamaron.

Mike me presentó a John Paul Jackson, pero no le dijo mi nombre. John Paul nunca había oído hablar de mí, ni había oído hablar de la Capilla de Westminster. Y, por mi parte, solo sabía vagamente quién era él: uno de los Profetas de Kansas City. John Paul comenzó diciéndome lo que sigue: "Hace veinte años tuviste un punto de inflexión en tu vida". Eso era realmente cierto. En el momento en que dijo eso, habían pasado veinte años desde que había regresado para terminar mi educación en el Seminario Teológico Bautista del Sur. Mientras John Paul continuaba hablando, tuve que admitir que lo que decía era exacto. Lo último que me dijo fue: "Veo tres libros tuyos". Tres días después regresé a Londres donde una editorial escocesa, Christian Focus, me pidió que escribiera tres libros para ellos. Estaba asombrado, desconcertado y emocionado.

John Paul consideraba a Paul Cain como su héroe, pero su don no era tan impresionante como el de Paul. John Paul a menudo decía profecías basadas en sueños. Se sentía más cómodo interpretando sueños de las personas; es más, estaba escribiendo un libro sobre la interpretación de los sueños cuando murió. Se podría decir que esa era su experiencia: interpretaba el sueño de una persona y luego trataba de llevarla a los pies de Cristo. John Paul también decía que había sido transportado al cielo tres veces. Una de las profecías que me dijo se basaba en una de esas visitas celestiales. Como consecuencia de una de ellas en particular, predijo que "la clave para el próximo gran mover de Dios es el libro de Romanos, especialmente el capítulo cuatro de esa epístola". Sin embargo, John Paul no tenía idea de qué se trataba Romanos 4. Una de mis grandes decepciones, tanto con Paul Cain como con John Paul Jackson, se debió a su escasa instrucción teológica y su falta de entendimiento de la Biblia. Pero me emocioné, e incluso hoy me emociono, ante la idea de que Romanos 4 fuera la clave para el próximo gran mover de Dios; ¡eso significaría un regreso al evangelio!

En 1993, John Paul vino a Londres y le cedí el púlpito de la Capilla de Westminster. Ahí profetizó: "Siento un globo que se hace más y más grande y explota y le da la vuelta al mundo". No supe cómo interpretar eso entonces ni ahora. Si fuera una palabra de Dios, tendría que decir que se cumplirá de alguna manera en el futuro. Después, fuimos a la sacristía a hablar. Le pregunté a John Paul si tenía algo que decirle a Louise, mi esposa. Lo hizo, y fue asombrosamente preciso. Luego hice lo mismo en cuanto a nuestro hijo T. R. Entonces me dijo que Dios usaría a T. R. para traer un avivamiento a la Capilla de Westminster. Me sentí decepcionado, no podía creer eso, porque —en ese momento— T. R. residía en Florida, al otro lado del Océano Atlántico desde la Capilla de Westminster, y no estaba en los caminos del Señor. Pensé que John Paul se había perdido por completo. Tuve sentimientos encontrados acerca de su visita. Nos había extendido una extraña profecía que no pude interpretar, nos entregó una palabra que parecía verdadera en cuanto a mi esposa, pero parecía no escuchar a Dios en referencia a lo de mi hijo.

Sin embargo, un par de años después de la visita de John Paul, T. R. tuvo un encuentro espiritual que lo cambió por completo. El diácono Benjamin Chan me preguntó si T. R. estaría interesado en regresar a Londres para trabajar con él como programador de computadoras. Para nuestra sorpresa, T. R. acudió de inmediato. No pasó mucho tiempo antes de que reuniera a algunos jóvenes y comenzaron a celebrar reuniones de oración, cantando juntos en nuestro apartamento. En unas pocas semanas, la cantidad de jóvenes en la Capilla de Westminster creció en número y también aumentó su madurez espiritual. Este grupo de jóvenes comenzó a orar por otros para que pudieran recibir la bendición de Dios. Un guitarrista del grupo, Kieran Grogan, se convirtió en nuestro líder de alabanza. Su esposa Beryl, poco después, ocupó el cargo de mi secretaria.

Un domingo por la noche, invité a algunos de los jóvenes a dar sus testimonios. Testificaron que habían sido tocados profundamente por el Espíritu Santo. Ante aquello, los miembros más maduros de la iglesia fueron conmovidos por sus palabras. Después de los testimonios, invité a todos los que quisieran que nuestros jóvenes oraran por ellos a que pasaran a los pasillos traseros. Casi doscientas personas querían oración. Poco después comenzamos a tener servicios de sanidad. Aquellos que pedían oración por sanidad llegaban a las primeras filas de la iglesia, donde los diáconos oraban por ellos y los ungían con aceite, como afirma Santiago 5:14. Algunos sanaron milagrosamente. Fue entonces cuando la Capilla de Westminster se convirtió en una iglesia de la Palabra y el Espíritu. No puedo decir que fue un avivamiento, pero fue maravilloso. Y todo comenzó con T. R., que prácticamente cumplió la profecía de John Paul.

En septiembre de 2001, John Paul me visitó nuevamente en Londres. Esa vez profetizó que un próximo viaje a Israel crearía una relación estrecha e íntima con los que me acompañaban, que duraría por muchos años. Tenía mucha razón. En julio de 2002, Lyndon Bowring, Alan Bell y yo fuimos invitados inesperadamente a conocer a Yasser Arafat. Después de eso, hemos viajado juntos unas quince veces.

Tras jubilarme de la Capilla de Westminster en 2002, mi familia se mudó a Cayo Largo. John Paul me visitó allí y lo introduje en mi pasatiempo favorito: la pesca. Fue un privilegio conocer muy bien a John Paul en ese tiempo, llegué a conocerlo mejor que Paul Cain.

Una noche en Cayo Largo, en medio de nuestra cena con Louise, T. R. y Annette (la esposa de T. R.), John Paul puso los cubiertos a un lado y dijo: "R. T., vivirás hasta una edad madura, pero si no te pones en forma físicamente, no podrás disfrutarlo". Esa noticia me estremeció; tenía sesenta y ocho años, estaba flácido y con sobrepeso. El historial de John Paul en palabras proféticas era lo suficientemente impresionante como para hacerme tomar eso en serio. Entonces comencé a hacer ejercicios diarios y T. R. me compró un libro que cambió mis hábitos alimenticios. También contraté a un entrenador. He estado haciendo veintiuna flexiones todos los días (no para los estándares olímpicos, pero no está mal para un anciano).

John Paul Jackson se fue al cielo hace seis años. A sus sesenta y seis, por dicha gozó de buena salud.

Las profecías de John Paul sobre su *propio* destino, lamentablemente, no se cumplieron. El día antes de morir, estaba hablando de su ministerio futuro. Con solo sesenta y cinco años de edad, no creía que moriría tan joven.

Aparte de la precisión de sus profecías en cuanto a mi familia y a mí, hay tres cosas que fueron las que más me impresionaron de John Paul. Primero, enfatizaba el hecho de que el carácter era mucho más importante que el don de la persona. Algunos hoy enfatizan lo contrario, que los dones de las personas son más importantes que la forma en que conducen sus vidas. Segundo, John Paul creía que el conocimiento de Dios —en cuanto al futuro— era y es tan perfecto como su conocimiento del pasado. Creía en la soberanía y la presciencia de Dios; el teísmo abierto era aborrecible para él. Tercero, John Paul era enseñable y siempre ansiaba aprender.

Mis buenas experiencias con John Paul muestran que la forma de ministerio profético con la que me siento más cómodo es cuando alguien que tiene el don de revelación le profetiza a otra persona en privado. Sin embargo, la mayoría de las veces, la gente no tiene un amigo profeta. Sin embargo, muchos de los que afirman serlo intentan profetizar públicamente en servicios o conferencias especiales de las iglesias. ¡La profecía pública atrae a las multitudes! La gente esperará a que termine el sermón antes del "evento principal", cuando el profeta se para en el escenario, mira a la congregación, señala a una persona y le extiende una palabra o un mensaje breve que hace que el individuo sienta que Dios se fija en él o ella en ese momento. A esa profecía pública podemos llamarla palabra de conocimiento o palabra profética, y siempre es emocionante contemplarla.

Un ejemplo de profecía pública emocionante ocurrió en Sydney, Australia, donde asistieron más de cinco mil personas. Paul Cain se detuvo en medio de su sermón para llamar a un grupo de cinco personas que estaban en el balcón más alejado de la plataforma. Y les dijo: "Ustedes, los que están en las dos primeras filas de aquel balcón, no se conocen, están en un grupo. Todos ustedes tienen diabetes, y el Señor los está sanando ahora". De hecho, esas cinco personas no se conocían y todas tenían diabetes. Más tarde llegó un informe de que todos afirmaban haber sido sanados. Como si eso no fuera suficiente, mientras Paul hablaba, otro hombre que era diabético en el balcón a la derecha comenzó a orar en silencio: "Oh Señor, haz que Paul Cain me llame". Unos minutos más tarde, Paul se volteó y señaló a ese hombre, que gritó: "¡SÍ!". El individuo fue a su médico al día siguiente y le dijeron que ya no era diabético. Cuando le pregunté a Paul sobre esa ocasión en Sydney, me dijo que cuando llamó al grupo de cinco diabéticos vio una línea azul. Siguió esa línea, que conducía directamente al hombre a su derecha, y luego lo llamó.

¿Extraño? Oh sí. Pero también era bueno. Esas personas, desconocidas para Paul, fueron llamadas por él y, según se informa, sanaron de diabetes; habían sido liberadas de su molesta aflicción. Paul se rio entre dientes cuando me contó esa historia, comentando que uno de los hombres sanados era un cesacionista.

Lo malo

En mi libro *Fuego santo*, intento refutar al cesacionismo. Aunque creo en la presencia y obra continuas del Espíritu, admito que los carismáticos pueden ser extraños. Un capítulo de ese libro se titula "Fuego extraño". Hablo de cosas bastante horribles y extrañas entre varios carismáticos de alto perfil, algunos de los cuales aparecen en la televisión. También puedes leer acerca de las extrañas historias del ministerio de George Whitefield (1714-1770), un héroe entre los pastores reformados.

En una ocasión, Whitefield asignó a un trompetista para que hiciera sonar su instrumento en un punto estratégico de su sermón acerca de la segunda venida de Cristo. Cuando Whitefield predicó que Jesús regresaría al sonido de la trompeta, ¡el trompetista tocó su instrumento para sugerir que Jesús estaba regresando en ese momento! La gente cayó. Algunos gritaron, creyendo que era demasiado tarde para ser salvos. Sin embargo, es probable que se hayan producido conversiones. Como solía decir un primo mío de Kentucky, en modo irónico: "Dios se mueve en formas traviesas para realizar sus maravillas".

Hay mucho simbolismo entre los profetas del Antiguo Testamento que puede resultar incómodo para nosotros. Aunque algo sea extraño, no necesariamente es malo; ya que Dios puede permitir que algunas cosas que nos resulten ofensivas muestren lo que llevamos en nuestro corazón. Solía predicar anualmente en un conocido evento llamado Spring Harvest. Uno de esos años había aproximadamente cinco mil personas. Un popular líder carismático estaba allí y me llamó para que estuviera en la plataforma con él. Entonces me profetizó: "Dentro de dieciocho meses, dentro de dieciocho meses, dentro de dieciocho meses, la Capilla de Westminster será irreconocible". Sugirió que un gran mover del Espíritu Santo vendría a nosotros. Eso me encantó, por supuesto. Pero no sucedió. Y, peor aún, la gente que sospechaba de la profecía se fue de nuestra iglesia. En mi opinión, el diablo se aprovechó de esa triste situación. El hombre que dio la profecía afirmó que escuchó a la gente decir que la Capilla de Westminster se había vuelto "irreconocible". Pero el avivamiento implícito nunca llegó.

¿Entendí mal la profecía? ¿Pensaron los fieles que el mensaje dado se aplicaba a la Capilla de Westminster de una manera diferente a como yo lo imaginaba? ¿Se debe responsabilizar al profeta por apelar al nombre de Dios ante tanta gente?

Eso fue algo que lució mal.

Por desdicha, eso sucede más de lo que quisiéramos admitir. Lo que me preocupa es que algunas personas creen que su don profético es virtualmente igual a la Sagrada Escritura. Eso es lo malo, es muy malo. Eso cruza los límites. Aun cuando una profecía se cumpla, no se iguala a la Escritura. John Paul Jackson, un hombre que acertó en muchas profecías, nunca se atrevió a igualar sus profecías a las Escrituras.

Una noche, mis amigos Rob Parsons, Lyndon Bowring, y yo asistimos a un servicio entre semana de una iglesia en Londres. Un profeta estadounidense a quien nunca había conocido habló en la actividad. Los tres tratamos de pasar inadvertidos, así que nos sentamos en la parte de atrás. Sin embargo, el encargado del evento nos reconoció e insistió en que nos sentáramos en la primera fila, justo en frente del predicador. Cuando el profeta comenzó, noté que no dejaba de mirarme, lo que me incomodó. Así que le escribí una nota a Lyndon, que decía: "Haz que me ría. Este hombre está clavado en mí". Lyndon escribió una nota atrevida (cuando estés en el cielo pregúntale por qué te veía tanto) que me hizo estallar en carcajadas. Me sentí avergonzado. Pero eso hizo que el profeta dejara de mirarme fijamente. Luego me profetizó y, tal como el profeta del evento Spring Harvest, dijo que vendría un gran avivamiento a la Capilla de Westminster. Que yo iba dirigir un ministerio llamado Escuela de Milagros. Que estaría en programas de televisión transmitidos por todo el mundo. Y que los líderes mundiales vendrían a mi sacristía buscando mi sabiduría.

Un par de días después, el predicador vino a verme y me preguntó si podía hablar en la Capilla de Westminster. ¿Fue ese su motivo para profetizar como lo hizo, para que yo lo invitara a predicar? ¿Por qué mi risa lo motivó a profetizar acerca de mí? Bueno, lo cierto es que no le permití predicar en la Capilla de Westminster.

John Paul me invitó a dirigirme a una Conferencia de Convergencia Profética, en Dallas, hace varios años. Asistieron aproximadamente setenta personas que tenían dones proféticos. Hablé sobre el tercer mandamiento ("No tomarás en vano el nombre del Señor") y expliqué por qué decir "Así dice el Señor" o "Dios me dijo" viola la aplicación que hizo Jesús acerca del tercer mandamiento. Esperaba que todos me golpearan, pero para mi sorpresa, muchos se me acercaron y reconocieron que mi palabra era lo que necesitaban escuchar.

Decir "Dios me dijo" es un hábito difícil de romper; Paul Cain y John Paul Jackson hacían eso todo el tiempo. Muchos de nosotros lo hemos hecho independientemente de nuestra tradición teológica. Es malo y, por lo tanto, tenemos que dejar de hacerlo.

Lo feo

En 2008 nos abrumaron las llamadas telefónicas y los correos electrónicos de Inglaterra. La gente nos preguntaba: "¿No es maravilloso que haya estallado un avivamiento en Florida?". Algunos dijeron que se trataba de "los ministerios de los últimos días". Los servicios del centro del avivamiento, en Lakeland, se transmitieron en vivo en todo el mundo a través de GOD TV. Nunca en mi vida había visto una oportunidad evangelística como esa. Según los informes, GOD TV incluso llegó a países donde el evangelio no había sido predicado.

Louise y yo observábamos los eventos todas las noches. Sin embargo, ella luchaba con lo que veía. "Algo anda mal", decía. Seguí mirando, queriendo creer que eso era un movimiento genuino del Espíritu.

Cuanto más miraba, más me cuestionaba si se trataba de un movimiento del Espíritu o no. Así que me pregunté: "Si este es un avivamiento del Espíritu Santo que va a países donde el evangelio nunca había penetrado, ¿por qué el evangelista no predica el evangelio?". ¿Se predicaría el evangelio, al menos, una vez? Seguí esperando, pero lo único que escuchaba decir al evangelista era "palabras de conocimiento", refiriéndose a la condición física de alguien. Cuando llamaba a una condición específica, la gente iba a la plataforma y el evangelista gritaba una oración de una sola palabra: "¡Bam!". Yo no supe si las palabras de conocimiento fueron precisas o si las personas sanaron. Hubo informes nocturnos de personas que resucitaban de entre los muertos en un hospital de la localidad. "Si solo una persona hubiera resucitado de entre los muertos", pensé, "seguramente habría sido noticia mundial". Sin embargo, solo los carismáticos sabían de esos eventos.

Una docena de líderes carismáticos reconocidos fueron al lugar para respaldar al avivamiento de Lakeland y al evangelista. Yo también fui invitado y un querido amigo me rogó que acompañara a esos líderes. Me negué a ir, alegando que lo que estaba pasando "no era de Dios". "Ah, R. T., por favor, no digas eso", suplicó mi amigo. Una importante revista carismática dedicó un número completo al avivamiento de Lakeland y me pidió que escribiera un artículo para él. Hasta donde sabía, yo era el único que cuestionó públicamente lo que estaba pasando en Lakeland. Algunos de mis amigos se horrorizaron y se sintieron heridos porque adopté una posición muy fuerte contra el llamado avivamiento.

En cierto punto hubo hasta trece mil personas presentes, por lo que los servicios tuvieron que trasladarse a un estadio. Paul Cain estaba en la plataforma y habló, afirmando que el avivamiento era el cumplimiento de una visión que había tenido años antes: que habría servicios de avivamiento en un gran estadio. Me había hablado de esa visión anteriormente, pero me sorprendió escucharlo decir que Lakeland era el cumplimiento de ello porque, tal como yo veía las cosas, ni siquiera se acercaban a los detalles que me había contado.

John Paul Jackson y yo coincidimos en nuestra creencia de que las reuniones de Lakeland no eran de Dios. Primero, el evangelio nunca fue predicado por el evangelista. No podía creer que Dios diera su sello de aprobación a unas reuniones que se transmitían por televisión en todo el mundo, cuando no se predicaba el evangelio de su Hijo, el que murió en la cruz por nuestros pecados. Solo había una "palabra de conocimiento" y "¡Bam!", cuando se oraba por la gente. Segundo, no había convicción de pecado en los servicios. No existía ningún sentimiento de pecado, en absoluto. Por el contrario, el verdadero avivamiento trae convicción de pecado. Tercero, cuando los líderes del avivamiento bautizaban, menospreciaban al Espíritu Santo. Las personas eran bautizadas "¡en el nombre del Padre, del Hijo y bam!". Nadie parecía sentirse incómodo con esa minimización de la Trinidad. Nadie se opuso a eso. Esa fue una de las expresiones más feas del ministerio profético que puedo recordar, y eso que he estado en el ministerio por mucho tiempo.

Los líderes carismáticos que me pidieron que los acompañara, en Lakeland, profetizaron un gran futuro para el evangelista del evento. Usaron frases como "el Espíritu de Dios dice" y "así dice el Señor". Se reunieron alrededor de él y le impusieron las manos, declarando que lo "ordenaron" y lo "comisionaron". Un líder dijo: "Damos forma al curso de la historia al asociarnos con usted". También oraron para que "la magnitud de la gloria aumentara, de tal forma que la gloria que emanaba del rostro de Moisés ya no se considerara como el referente máximo".

¡Ese evangelista iba a ser más grande que Moisés! ¡No estoy inventando esto! Puede encontrar el video en YouTube, para que cualquiera lo vea.

En aproximadamente un mes, el "avivamiento" finalizó repentinamente. El evangelista fue atrapado en una inmoralidad que había estado practicando todo el tiempo. Todas las profecías resultaron erradas. Mi querido amigo, que me había pedido que fuera a Lakeland, me escribió una carta de disculpa muy franca y conmovedora. No necesitaba hacer eso, pero lo hizo, por lo que lo aprecié y lo respeté. Por desdicha, uno de los líderes más conocidos que fue a Lakeland y que fue uno de los que "ordenaron" al evangelista dijo más tarde: "En realidad, no le puse las manos encima". Al decir eso, como afirmó John Paul, "expuso a sus compañeros líderes al escarnio público para salvarse o protegerse a sí mismo, sin importarle las consecuencias que eso pudiera tener para ellos".

Para los carismáticos, que yo sepa, nada bueno se obtuvo del avivamiento de Lakeland.

Insisto, eso fue muy feo.

Lo que más me entristece es que las reuniones de Lakeland podrían haber continuado indefinidamente si el evangelista no hubiera sido atrapado en adulterio. La ausencia de la predicación del evangelio no fue un problema para los asistentes ni para la audiencia del avivamiento en ese momento.

¿Cómo fue posible que el don de "palabra de conocimiento" operara aunque el evangelista vivía en inmoralidad? ¿Cómo podría el evangelista hacer eso bien? ¿Por qué algunas personas a las que ministró experimentaron sanidad? ¿Cómo sucedieron todas esas cosas maravillosas cuando el evangelista estaba en pleno pecado y libertinaje?

¿Podría encontrarse una respuesta a estas preguntas en Romanos 11:29, que dice: "Porque irrevocables son los dones y el llamamiento de Dios"? Esto podría significar que los dones pueden operar aun cuando un predicador, profeta o evangelista tenga una doble vida. ¡Esto podría explicar cómo el rey Saúl, en su camino para matar al joven David, profetizó! El Espíritu de Dios cayó sobre él y profetizó. Los espectadores incluso preguntaron: "¿Está Saúl también entre los profetas?" (1 Samuel 19:23-24). ¡Imagínate eso!

En el año 2020, decenas, si no cientos, de profetas dijeron que Dios les había dicho que Donald Trump comenzaría un segundo mandato en 2021. ¿Se disculparon? No muchos. Gracias a Dios por los que lo hicieron. Muchos de ellos, sin embargo, incluso algunos de mis amigos, todavía insisten en que Dios les dijo que Trump realmente ganó. Ni siquiera uno de ellos predijo que Joe Biden asumiría el cargo el 20 de enero de 2021.

Mientras viva, nunca olvidaré el nivel de incredulidad y decepción que sentí cuando me enteré del fracaso moral de otro profeta. Un amigo muy cercano con el que viajaba me recibió en el Terminal B del Aeropuerto Internacional de Dallas, Fort Worth. Íbamos de camino a una jornada de predicación cuando preguntó: "¿Has oído hablar de Paul?". "No", respondí. "¿Qué quieres decir?". Me enteré de que Paul Cain estaba en pecado. Se había difundido la noticia de que secretamente practicaba la homosexualidad. Ese fue uno de los peores días de mi vida; me sentí engañado. A medida que la noticia se extendía por todo el mundo, Paul se convirtió en gran medida en un hombre aislado. Cuando murió, solo había unos pocos amigos a su alrededor.

Nunca conocí a ningún profeta que se pareciera a Paul Cain. Su nivel de talento y precisión era indiscutible. Escribí un blog sobre Paul el día que murió. Algunos pensaron que fue demasiado elogioso, mientras que otros creyeron que era injusto por terminar el blog con estas palabras: "Se fue al cielo bajo una nube oscura, muy oscura".

Aquellos que creen que los dones son más importantes que el carácter continúan cantando las alabanzas de Paul. Estoy agradecido por los buenos momentos que pasé con él. Aprendí mucho sobre lo profético de Paul. Pero creo que la integridad es importante, y más aún, para los superdotados.

Este es el lado feo de las personas proféticas, dotadas que son atrapadas en inmoralidad; individuos que afirman hablar por Dios cuando claramente no lo hacen, ¡personas que se niegan a disculparse cuando son expuestas públicamente!

Hay verdades y versículos en la Biblia que no entiendo. ¡Personas que dicen cosas que yo llamaría blasfemias continúan prosperando! No entiendo eso. Sin embargo, creo que el rey Saúl es un precedente que ayuda a explicar lo que estoy hablando.

Aunque Ravi Zacharias no fue parte del movimiento profético, actuó de manera comparable. Fue dotado y ejerció su don entre miles. Cuando murió en el 2020, personas de todo el mundo lo despidieron cantando alabanzas. Desde el funeral de Billy Graham, ningún líder cristiano ha recibido más elogios y aclamaciones en su funeral. Y, sin embargo, meses después se conoció la noticia de la inmoralidad de Ravi. Me pareció que Dios decidió usar eso para darle al mundo un anticipo de cómo sería el juicio final. Dios permitió que se expusiera la fealdad de Ravi, posiblemente como una advertencia para ti y para mí de lo que Dios le dijo a Moisés, que "tu pecado te alcanzará" (ver Números 32:23).

Si tienes un pecado no confesado en tu vida, permite que estas palabras hagan que te arrodilles. Cuando escuches sobre el fracaso, la caída o el pecado descubierto de otra persona, considera que los dones proféticos no distinguen a los famosos de los ordinarios. Tú y yo somos lo que somos por pura gracia de Dios.

Como muestra el inmortal sermón del gran predicador bautista del sur R. G. Lee, la gente cosechará lo que siembre: "Algún día tendrá su merecido". O, para citar a Yogi Berra: "No se acaba hasta que se acaba". El ajuste de cuentas sucederá cuando Dios "sacará a la luz lo que está oculto en la oscuridad y pondrá al descubierto las intenciones de cada corazón" (1 Corintios 4:5).

Este libro es un beneficio adicional porque sirve como llamado de atención para todos nosotros.

Capítulo 3

LA PALABRA Y
EL ESPÍRITU

*Nuestro evangelio les llegó no solo con palabras, sino
también con poder, es decir, con el Espíritu Santo.*

—1 TESALONICENSES 1:5

*Pura Palabra y nada del Espíritu, nos secamos. Puro
Espíritu y nada de Palabra, explotamos. Pero en ambos
—la Palabra y el Espíritu— crecemos.*

—DAVID WATSON (1933-1984)

El reconocido ministro del siglo diecinueve, Charles Spurgeon, fue mentor de muchos predicadores. Uno de ellos, un joven predicador, le preguntó una vez:

—Señor Spurgeon, ¿podría usted ayudarme? Soy bastante bueno como predicador, pero no veo conversiones.

Spurgeon le respondió:

—¿Esperas ver personas convertidas cada vez que predicas?

El predicador respondió:

—Oh, no, señor.

—Esa es la razón —contestó Spurgeon.

La combinación simultánea de la Palabra y el Espíritu suscita expectación. Y esta, la expectación, es la ansiedad de ver a Dios obrando en la salvación de las personas. Creo que viene otro gran despertar. El próximo será como el segundo gran avivamiento del siglo diecinueve. Vendrá de repente. Este próximo mover incluirá milagros visuales y la firme predicación del evangelio. Como diría mi amigo Lyndon Bowring, los que vienen a oír verán y los que vienen a ver oirán.

El problema del desequilibrio

Veo un problema en las iglesias que visito y predico en todo el mundo: el desequilibrio. En ellas se presentan dos situaciones: o están consagradas a predicar firmemente el evangelio o solo buscan desesperadamente las manifestaciones visibles del Espíritu. Cuando hablo de iglesias de la Palabra, me refiero al tipo de iglesias que enfatizan la predicación y la enseñanza correcta de la doctrina. A las iglesias que buscan sanidades, milagros y otras experiencias físicas las llamo iglesias espirituales. Encontrar congregaciones, hoy en día, que sean igualmente iglesias de la Palabra y del Espíritu es muy raro.

Permíteme que te explique más sobre el énfasis de las iglesias de la Palabra y del Espíritu.

La gente de la Palabra destaca la necesidad de una teología fuerte. Ven su papel como contendientes "por la fe que fue una vez dada a los santos" (Judas 3). La predicación expositiva y el redescubrimiento de la justificación por la fe, la seguridad de la salvación y la soberanía de Dios, tal cual la enseñaron hombres como Martín Lutero, Juan Calvino y Jonathan Edwards, son características de las iglesias de la Palabra. Estoy de acuerdo en que honrar el nombre de Dios de esta manera es parte esencial de una enseñanza bíblica sana.

Las iglesias espirituales creen que la honra del nombre de Dios no será restaurada hasta que regresemos al libro de los Hechos, en el que las manifestaciones de señales, prodigios, milagros y dones del Espíritu eran algo normal para los seguidores de Jesús. Las iglesias espirituales esperan que los lugares donde se realizan las reuniones de oración se estremezcan físicamente (Hechos 4:31). Modelan su ministerio según el de Pedro, cuya sombra generaba sanidad. En una nota veraz pero aleccionadora, las iglesias del Espíritu también creen que es posible que las personas mueran si le mienten al Espíritu Santo. Necesitamos ese tipo de poder hoy.

¿Qué es más fácil? ¿Que una iglesia de la Palabra acoja al Espíritu? ¿O que una iglesia del Espíritu acoja la Palabra? Por lo que he visto, las iglesias de la Palabra creen sinceramente que son la iglesia de la Palabra y del Espíritu. Asimismo, las iglesias del Espíritu que sinceramente me invitan creen que ya son ambas cosas. No soy juez de nadie. Pero encontrar una iglesia que se adhiera a una teología sana, tenga una predicación bíblica coherente, vea conversiones periódicas y reporte verdaderos milagros es algo muy extraño.

Las marcadas diferencias entre las iglesias de la Palabra y las del Espíritu me recuerdan otra historia sobre Charles Spurgeon. Debido a la forma en que este consideraba la importancia de la oración y la predicación, fue criticado por las tradiciones teológicas opuestas. Molestó a las personas que eran inquebrantables, en su propio entendimiento teológico, por una oración que pronunció: "Señor, salva a tus escogidos y luego elige a algunos más".

Un joven ministro, muy confundido, se acercó a Spurgeon y le preguntó: "Pero, ¿y si salvamos a uno de los no elegidos?". Spurgeon le dio una palmadita en el hombro y le dijo: "Dios te perdonará por eso". A Spurgeon lo llamaban "arminiano" los calvinistas de su época, pero los arminianos lo llamaban "calvinista". Los líderes religiosos de los tiempos de Jesús tenían sus propias divisiones. Los saduceos negaban la resurrección y el mundo espiritual. Los fariseos, en cambio, creían en la resurrección de los muertos. Sin embargo, ambos grupos se consideraban fieles a la ley mosaica, pero todos trataban de atrapar a Jesús. Cuando los saduceos intentaron defender su enseñanza y engañar a Jesús con una historia que inventaron, Jesús les dijo: "Ustedes andan equivocados porque desconocen las Escrituras y el poder de Dios" (Mateo 22:29). Jesús insultó a los saduceos, que se creían expertos en las Sagradas Escrituras. ¡Ciertamente fue valiente al decirles que no conocían sus biblias! Además, también hizo lo mismo con los fariseos. Cuando les enseñó a los discípulos sobre el Sermón del monte, les mostró que los fariseos realmente no conocían la ley mosaica (p. ej., Mateo 5:17-20).

La forma en que Jesús expuso a sus enemigos fue graciosa. En Mateo 22:29-33, el Maestro expuso la ignorancia de los saduceos —y agregó insulto a la injuria— cuando explicó el significado de Éxodo 3:6. Dar a entender que los saduceos no comprendían el pasaje de Éxodo 3:6 sería como decir, en la actualidad, que los cristianos no entienden Juan 3:16. En Éxodo 3:6, Dios le dijo a Moisés: "Yo soy el Dios de tu padre. Soy el Dios de Abraham, de Isaac y de Jacob". Jesús usó este conocido versículo para mostrar cuán errados estaban los saduceos al negar la resurrección de los muertos. Jesús interpretó

Éxodo 3:6 como "Él no es Dios de muertos, sino de vivos", lo que se oponía a la doctrina de los saduceos; este versículo, en realidad, muestra que Abraham, Isaac y Jacob estaban *vivos y muy bien*. ¡Todavía estaban vivos y muy vivos por el poder de Dios! A los saduceos no les interesaba, en lo más mínimo, el poder de Dios. Pero Jesús mostró que si tomaban las Escrituras en serio, ¡verían el poder de Dios en ellas! Él hizo que los saduceos se enfrentaran a un problema que nunca les había afectado.

Me temo que hay iglesias de la Palabra que no están interesadas, en lo más mínimo, en lo que atañe al poder de Dios. Creen en las Escrituras, sí, pero ¿qué pasa con el poder de Dios? Ellos piensan que el poder para que los creyentes individuales ejerzan los dones del Espíritu, como lo indican las Escrituras en 1 Corintios 12:8-10, solo fue válido hace dos mil años, pero no hoy. Por eso se les llama "cesacionistas". Porque creen que los dones milagrosos cesaron cuando se cerró el canon de las Escrituras. Que todo es Palabra solamente. Por supuesto, creen que la persona solo se convierte por la obra del Espíritu Santo. Pero ellos solo ven al Espíritu soteriológicamente; es decir, que el Espíritu Santo aplica la Palabra. La obra del Espíritu para esos creyentes es incongruente. Pero los cesacionistas solo tienen la mitad de la razón.

La Palabra y el Espíritu

Cuando me refiero a la Palabra y al Espíritu, incluyo todo lo que los cesacionistas creen acerca de que la Palabra es aplicada por el Espíritu. Sin embargo, hay más. Está el testimonio *inmediato y directo* del Espíritu. El testimonio inmediato y directo del Espíritu significa que el Espíritu Santo se puede *sentir*. *Experimentar*. *Conscientemente*. Como dijo el Dr. Lloyd-Jones, ¿cómo podrían saber los gálatas que habían recibido el Espíritu (Gálatas 3:2) a menos que fuera algo que experimentaron conscientemente?

Por Palabra y Espíritu también quiero decir que lo milagroso está vivo y bien vivo, en el sentido de que los dones del Espíritu Santo (1 Corintios 12:8-10) están a nuestra disposición hoy. De lo contrario, ¿qué pueden pensar los nuevos cristianos cuando leen 1 Corintios 12:31, que nos ordena "ambicionar" o "procurar" (RVR1960) fervientemente los mejores dones?

Cuando el apóstol Pablo dijo que el evangelio que predicaba llegó "no solo con palabras, sino también con poder" (1 Tesalonicenses 1:5), dio a entender que la predicación del evangelio se *podía* hacer sin poder. Por ejemplo, el Dr. Lloyd-Jones solía referirse a algunas personas reformadas (personas de la Palabra, en términos generales) como "perfectamente ortodoxos, perfectamente inútiles". Me avergüenza decir que la mayor parte de mi predicación a lo largo de los años fue en gran parte solo de la Palabra.

En lo particular, todavía sueño con predicar con un nivel de poder que no he experimentado hasta ahora.

De hecho, puedo testificar que una vez prediqué con el nivel de unción que siempre quise. Sucedió durante una serie que expuse a través de Filipenses, en el capítulo uno, versículo doce. Para mi sorpresa y asombro, un alto nivel de unción consciente me acompañó cuando prediqué. Después que terminé y me senté junto al púlpito, quedé maravillado y asombrado. Todo estaba en silencio. La gente no se levantó ni se movió. Me sentí atónito y emocionado.

Sin embargo, sufrí una gran decepción poco antes de las dos horas posteriores. Uno de nuestros diáconos, Graham Paddon, se me acercó y me indicó: "Tengo que decirte algo que no querrás escuchar. El hombre que maneja el sistema de sonido estaba enfermo esta mañana y olvidó llamarnos. Por lo tanto, tu sermón no fue grabado". Mi corazón se hundió.

La Palabra y el Espíritu

Otro diácono se acercó y me aseguró: "No hay problema. ¿Es cierto que no tiene programado predicar en Bromley el próximo jueves? Solo repita el mismo sermón". Bien, pensé. Sin embargo, cuando prediqué ese mismo sermón unos días después en Bromley, no fue lo mismo. Mis notas eran las mismas, pero no era ni el diez por ciento del poder que Dios me permitió tener *esa sola vez*. ¿Por qué? Dime tú. El Espíritu Santo es soberano. No podemos forzarlo. No podemos obligarlo a sanar a la gente. No puedo hacer que emerja la unción que anhelo, aunque haya hecho un ayuno de cuarenta días. Tú tampoco puedes. "Nadie dijo que sería fácil" es el título del último libro de mi amigo Rob Parsons. Tampoco es fácil llevar la Palabra y el Espíritu a un alto nivel. Si lo fuera, créeme, lo agarraría con ambas manos.

Dicho esto, creo que la combinación simultánea de la Palabra y el Espíritu, asumiendo que el Espíritu viene a un alto nivel y la Palabra predicada es una verdad firme, producirá una combustión espontánea.

¿Qué tiene esto que ver con el ministerio profético o carismático?

Ismael o Isaac

En octubre de 1992, Paul Cain y yo tuvimos una actividad que llamamos "Conferencia Palabra y Espíritu" en el Centro de Conferencias de Wembley en Londres.

Unos días antes del evento le pregunté a un líder carismático:

—Si alguien equiparara al movimiento carismático con Ismael o Isaac, ¿cuál dirías que es?

—Isaac —respondió el líder.

Luego volví a preguntarle:

—¿Qué pasaría si te dijera que el movimiento carismático fue, en verdad, Ismael?

—¡Oh, por favor, no digas eso! —exclamó.

Entonces me di cuenta de cómo iban a reaccionar los carismáticos al mensaje que planeé exponer en la conferencia Palabra y Espíritu.

Tenía dos palabras que exponer en la conferencia. Primero, expresé mi opinión en cuanto a que ha habido un divorcio silencioso en la iglesia entre la Palabra y el Espíritu. Cuando hay un divorcio, los hijos a veces se quedan con la madre, pero en otros casos se quedan con el padre. En esta separación, tienes a los del lado de la Palabra y a los del lado del Espíritu. ¿Por qué dije que es un divorcio silencioso? No puedo decir cuándo sucedió esa separación. Por eso lo llamé un divorcio *silencioso*. Quizás la división fue inconsciente al principio. Solo sé que tenemos esta situación: un divorcio entre las iglesias de la Palabra y las iglesias del Espíritu.

Sabía que mi segunda palabra no sería bien recibida. Le dije a la audiencia que el movimiento más grande del Espíritu que podamos imaginar aún no ha llegado. La mayoría de ellos eran carismáticos y, como es de esperar, no los emocionó escuchar lo que dije. Ellos, como movimiento carismático que eran, supusieron que constituían el gran avivamiento que habría de ocurrir precisamente antes de la Segunda Venida de Cristo.

Recuerda, solo unos días antes de esa conferencia, mi conversación con el líder carismático me había preparado para esa reacción. El mensaje que entregué fue así.

Dios le dijo a Abraham, un anciano que probablemente tendría entre setenta y ochenta años y que no tenía herederos, que saliera de su tienda y contara las estrellas. Sara, su mujer, también era anciana y estéril. Había tantas estrellas en el cielo nocturno que no podía contarlas. Sin embargo, Dios le dijo: "¡Así de numerosa será tu descendencia!" (Génesis 15:5).

¿Creería Abraham eso que Dios le dijo siendo él y Sara tan viejos? Habría sido comprensible que la respuesta de Abraham fuera algo así como: "¡Debes estar bromeando! ¿Cómo esperas que me crea eso?".

Abraham, sin embargo, sí creyó en la promesa. Creyó en Dios. Y Dios contó por justicia la fe de Abraham (v. 6). El apóstol Pablo usó ese acontecimiento del Antiguo Testamento como su ejemplo principal para argumentar la doctrina de la justificación solo por la fe.

Todos sabemos que la promesa a Abraham no se cumplió de inmediato. Pasaron los años y nada que aparecía el anunciado bebé de Abraham y Sara. De modo que esta le sugirió a Abraham una idea no muy buena: que se acostara con Agar, la sirvienta de Sara. No fue así como Abraham había previsto la forma en que se cumpliría la promesa de Dios, pero aceptó la idea. Ellos querían hacer que la promesa de Dios se cumpliera por sí mismos, no querían esperar. Pero al hacer eso, se *adelantaron* al Señor.

Agar quedó embarazada, luego Sara se enojó con ella y la molestaba constantemente. Agar tuvo que huir angustiada, pero Dios intervino y le dijo que regresara ante Sara y que le diera el nombre "Ismael" a su hijo (Génesis 16:11). Como el niño era varón, Abraham concluyó que Ismael era el hijo prometido, por lo que creyó eso sinceramente durante trece años. ¿Qué más iba a creer?

Un día, sin embargo, Dios intervino y le dijo a Abraham que —en realidad— Ismael no era el hijo que le había prometido. Si Abraham hubiera recibido la noticia de que *Sara* concebiría al hijo prometido trece años antes, se habría emocionado. Pero no ahora. Abraham no estaba nada complacido. Así que le rogó a Dios y le dijo: "¡Concédele a Ismael vivir bajo tu bendición!" (Génesis 17:18).

INTEGRIDAD PROFÉTICA

Entonces expresé mi mensaje a las 2500 personas que asistieron a la conferencia Palabra y Espíritu en Wembley: Los pentecostales y los carismáticos creían que *ellos* eran el movimiento definitivo que Dios prometió que precedería la Segunda Venida de Cristo. Estaban como Abraham mientras creía que Ismael era el hijo prometido por Dios. A pesar de las diferencias eclesiásticas y eclesiológicas entre pentecostales y carismáticos, la gente —por lo general— cree que tienen mucho en común. Aunque los pentecostales remontan sus comienzos al avivamiento de la calle Azusa en 1906 y el movimiento carismático alrededor de 1960, pueden verse como un mover gigante del Espíritu. En pocas palabras, se vieron a sí mismos como *la* promesa de los "Ministerios de los últimos días". Sin embargo, les dije que en realidad eran Ismael. Numerosos líderes carismáticos presentes en el evento, se sintieron profundamente insultados. "¡¿Nos llamaste Ismael?!", exclamaron. En verdad, eso fue lo que hice.

No obstante, enfaticé que Isaac vendría. Esas eran las buenas noticias: Sara tendría un hijo y ese hijo se llamaría Isaac (vv. 15-19). Así como la promesa acerca de Isaac fue cien veces mayor que la que Dios hizo sobre Ismael, el próximo gran mover de Dios será cien veces mayor que el movimiento carismático pentecostal. Aunque mi audiencia vitoreó cuando dije que este movimiento resultará en la conversión de millones de musulmanes, la noticia de que eran Ismael fue demasiado para algunos de ellos.

Unos días después que terminó la conferencia de Wembley, alguien que no conocía se me acercó y me preguntó: "¿Acaso se le ocurrió esa idea basado en lo que dijo Smith Wigglesworth?". A principios del siglo veinte, los pentecostales se preguntaban si formaban parte del poderoso mover de Dios que la iglesia esperaba. Cuando se le preguntó al destacado evangelista Smith Wigglesworth al respecto, respondió: "No". Wigglesworth luego predijo un movimiento futuro que sería mayor que el avivamiento galés y el wesleyano. Cruzaría de Gran Bretaña a Europa y se extendería por todo el mundo. Tres meses antes de que Wigglesworth muriera en 1947, profetizó que estaba llegando un movimiento que enfatizaría el bautismo del Espíritu y los dones del Espíritu. Yo no sabía que él había profetizado algo tan similar. Eso fue una noticia novedosa para mí, una buena noticia, una noticia reconfortante. Eso significaba que yo no era el primero en decir que vendría algo más grande. Mi convicción personal es que lo mejor está por venir. Y por eso decido llamar a eso el mejor Isaac.

Mis preocupaciones acerca del movimiento carismático en la actualidad

Tres cosas me preocupan de los carismáticos actuales. Primero, el denominador común que caracterizaba a pentecostales y carismáticos —hace cincuenta años— eran los dones del Espíritu Santo. Hoy en día, la atención se centra en la enseñanza de la prosperidad, que a veces también se denomina "Decrétalo y reclámalo" o "Salud y riqueza". Esta enseñanza enfatiza que debes exigirle bendiciones financieras a Dios. En segundo lugar, el movimiento carismático parece creer que sus defensores pueden decir cosas o hacer que sucedan esas cosas. Los carismáticos de hoy están tratando de hacer que las cosas sucedan, incluida la presidencia de Donald Trump. ¿Dónde está la confianza en el conocimiento de Dios acerca del futuro o en la soberanía de Dios? En tercer lugar, mencioné anteriormente que docenas, si no cientos, de cristianos carismáticos sinceros profetizaron que Trump cumpliría un segundo mandato consecutivo en la Casa Blanca. ¿Por qué era tan importante para ellos su reelección? *Ninguno de ellos predijo* que Joe Biden asumiría la primera magistratura el 20 de enero de 2021. ¿Dónde están las disculpas por tal clase de equivocación?

Me parece que Ismael se ha manifestado.

Al igual que Jesús interpretó Éxodo 3:6 para los saduceos, espero que el próximo movimiento del Espíritu Santo resulte en una mayor comprensión de los versículos más familiares de la Biblia, así como de señales y prodigios indudables.

El problema es que nuestras mentes están formadas. Creemos que sabemos lo que significa este o aquel versículo. Los comentarios tienen matices, pero generalmente concuerdan con pasajes familiares como Juan 3:16. Sin embargo, predigo que cuando llegue el próximo despertar, la Biblia no solo será reverenciada una vez más como infalible, sino que será como un libro nuevo. La gente la leerá y la devorará como lo hicieron en los días de Martín Lutero, cuando este trastornó al mundo al redescubrir la justificación solo por la fe.

En una palabra, descubriremos la verdad en la Palabra de Dios, esa que ha estado oculta durante mucho tiempo por nuestra ceguera y nuestros prejuicios. Así como Jesús nos dio su interpretación de la ley, los salmos y los profetas (Lucas 24:27, 44), el Espíritu Santo arrojará luz sobre textos que apenas hemos comenzado a explorar, incluidos los cuatro evangelios y el resto del Nuevo Testamento.

Cuando leemos que "Jesucristo es el mismo ayer, hoy y por los siglos" (Hebreos 13:8), creo igualmente que el Espíritu Santo es el mismo ayer, hoy y por los siglos. Y por esa razón, debemos esforzarnos para que nuestras iglesias y ministerios proféticos sean iglesias y ministerios de la Palabra y del Espíritu.

Capítulo 4

EL DIOS DE GLORIA

*Cierto día Josué, que acampaba cerca de Jericó, levantó
la vista y vio a un hombre de pie frente a él, espada en
mano. Josué se le acercó y le preguntó:*
—¿Es usted de los nuestros, o del enemigo?
*—¡De ninguno! —respondió—. Me presento ante ti
como comandante del ejército del Señor.*
Entonces Josué se postró rostro en tierra y le preguntó:
*—¿Qué órdenes trae usted, mi Señor, para este siervo
suyo?*
El comandante del ejército del Señor le contestó:
*—Quítate las sandalias de los pies, porque el lugar que
pisas es sagrado.*
Y Josué le obedeció.

—Josué 5:13-15

*Soy cristiana, no por lo que eso hace por mí, sino porque
es la verdad.*

—Joni Eareckson Tada

INTEGRIDAD PROFÉTICA

¿**P**uedes recordar un momento en que alguien a quien admirabas te decepcionó? Toda mi vida ha sido moldeada por la predicación y los predicadores. Lo que me gustaba de los predicadores, así como de los profetas —un poco más tarde en mi vida— era que me daban una sensación de la presencia de Dios. Pero, la elevada opinión que tenía de ellos, al final me trajo desilusión. Hace sesenta y cinco años, mi ministro favorito, una persona a la que admiraba, estaba predicando en Chattanooga, Tennessee. Yo era pastor estudiantil en la cercana ciudad de Palmer. Viajé allí para pasar una hora con él y le pedí que me impusiera las manos y orara por mí. Lo hizo, me sentí muy honrado. Pero tan pronto como terminó la oración, siguieron estas palabras: "No le digas a nadie mi edad".

Me decepcioné mucho. Me sentí defraudado. Me di cuenta de que el personaje al que idealicé solo había estado pensando en su edad todo el tiempo en que su mano estaba apoyada en mi hombro. Le pregunté cuántos años tenía, ¿por qué era eso tan importante? Ahora todo lo que recuerdo de mi tiempo de oración con esa persona a la que admiraba es el final: "En el nombre de Jesús, amén. No le digas a nadie mi edad". Tenía sesenta y siete años.

Desde entonces, cada persona por la que manifesté mi admiración me decepcionó tarde o temprano. Eso demuestra que por excelente que sea cualquier hombre, en el mejor de los casos, solo es eso: hombre; lo cual es un axioma que debemos tener presente a lo largo de este libro.

Como lo dije anteriormente, este libro trata en parte de profetas y en parte de Dios. Las personas proféticas pueden fallar en dar la gloria a Dios. Puede que lo hagan bien muchas veces, pero cuando te defraudan, duele. Dios, por otro lado, no te defraudará nunca. Dios no comete errores. Las Escrituras, incluso, nos dicen que "es imposible que Dios mienta" (Hebreos 6:18). Esa verdad debería darnos confianza, tal como lo hizo con la iglesia primitiva.

Esteban, uno de los siete diáconos originales, que se convirtió en el primer mártir de la iglesia, ha sido durante mucho tiempo uno de mis héroes. Lo que más me cautivó de él fue su unción. En lo particular, defino "unción" como el poder del Espíritu Santo que permite que el don de uno opere con facilidad. Tenía el don de la sabiduría (Hechos 6:3). Aunque Esteban fue acusado falsamente por destacados líderes judíos, sus oponentes "no podían hacer frente a la sabiduría ni al Espíritu con que hablaba Esteban" (v. 10). Su don fluía con facilidad.

Jesús prometió que cuando las personas sean llamadas ante las autoridades para testificar y defender el evangelio, no deben preocuparse de antemano en cuanto a qué decir, "porque en ese momento el Espíritu Santo les enseñará lo que deben responder" (Lucas 12: 11-12). Como veremos más adelante, no todas las profecías son del mismo calibre. Por ejemplo, a los que se vean forzados a defender la verdad se les promete un alto nivel de poder profético.

El Espíritu le dio a Esteban las palabras que debía decir, por lo que —prácticamente— todo el capítulo 7 del libro de Hechos está lleno de las palabras de Esteban ante el Sanedrín. Y la primera palabra que veo que Esteban pronuncia ante el Sanedrín es completamente alusiva a Dios, a quien llama "el Dios de la gloria" (Hechos 7:2). Eso me dice que el Espíritu Santo quiere que tú y yo consideremos al Dios de la Biblia como el Dios de la gloria.

Me pregunto cuántos de nosotros habríamos pensado espontáneamente en describir a Dios de esa manera. Si no es así, ¿por qué no lo hemos hecho?

Cuando fui al Seminario Teológico Bautista del Sur en Louisville, Kentucky, en el año 1971, me sorprendió descubrir la cantidad de estudiantes y profesores a los que les molestaba el hecho de que

Dios quería toda la alabanza y toda la gloria. Algunos pensaban que la necesidad de que lo alabaran y lo honraran era una señal de debilidad de Dios. No les gustaba, en nada, la idea de un Dios celoso. Una triste muestra de esa situación es, por ejemplo, la reconocida Oprah Winfrey, a quien admiro mucho, que se alejó —por desdicha— de sus antecedentes evangélicos cuando su pastor dijo que Dios era un Dios celoso.

Una de las primeras cosas que hay que entender acerca de Dios es que él es como es porque así ha sido y será siempre. No se convirtió de cierta manera ni se ha modificado nada de él con el tiempo. Absolutamente nada. Es el mismo ayer, hoy y siempre, como lo afirma en su encarnación. La forma en que él *es*, es la misma en que siempre ha sido y será por la eternidad: el Dios de la gloria. Él no se creó a sí mismo así; el Dios increado siempre fue, es y ha de venir como un Dios de gloria que quiere adoración y no permitirá que prefiramos a otro dios antes que a él. Quiere toda la alabanza y toda la honra, por lo que es muy sincero al respecto, y no tiene por qué ocultarlo. Además, los celos no son una buena cualidad en las personas, pero Dios dice sin vergüenza que incluso su nombre es Celoso (Éxodo 34:14). Los dos primeros de los Diez Mandamientos revelan que Dios es "un Dios celoso" (Éxodo 20:3-6).

Esto significa que Dios tiene una mente, una opinión y una voluntad propias. No se puede cambiar. No necesita ni quiere aportes ni consejos de nadie. No necesita una segunda opinión sobre lo que decide hacer. Está decidido, se podría decir. Por tanto, no intentes cambiarlo; no resultará

La excesiva teología en los púlpitos de hoy, hablando en términos generales, no es tanto teología. Es más antropología que otra cosa. ¿Por qué digo esto? Porque casi todo se centra en el hombre. En la actualidad, la mayoría de las personas parecen preocuparse principalmente por lo que obtengan o aprovechen de una situación. Dicen cosas como: ¿Y qué hay para mí? ¿Qué beneficio obtengo yo? Nadie parece pensar en preguntar: "¿Y qué espera Dios?". Todos somos parte de una sociedad que solo piensa en "¿Qué hay para mí?". Vivimos en una época en la que las personas creen tener "derecho" a todo. Exigen sus derechos humanos y creen que se los "merecen". Jesús nos dijo que busquemos primero el reino de Dios y su justicia, y que las otras "cosas" —como alimento, techo y vestido— nos serán añadidas. Todas esas cosas que serán añadidas son parte del paquete completo que él nos ofrece si buscamos primero a Dios (Mateo 6:33).

La Biblia es un libro centrado en Dios. Fue escrito por personas que se enfocaban en él y en entender sus caminos. Por eso, nuestra teología debe estar centrada en Dios, en una forma de pensar que se enfoque en el Dios de la gloria. Ese era el Dios de Esteban. Y en las palabras que predicó, nos mostró cómo la Escritura revela a ese Dios de la gloria.

Sin embargo, predicar sobre el Dios de la gloria puso a Esteban en muchos apuros, incluso con judíos que deberían haber sabido mucho de ese tema. Esos judíos no pudieron resistir la sabiduría ni el Espíritu con el que habló Esteban, por lo que lo mataron. Por lo tanto, no espere que una gran sabiduría y poder venzan o cambien las mentes de los adversarios del evangelio. La vindicación no está garantizada en esta vida, solo la veremos en la era venidera (2 Tesalonicenses 1:7-8).

¿Amarás a Dios *tal como es*? La respuesta que des a esta pregunta tendrá una gran influencia en lo que entiendes de la profecía y la integridad profética.

David Fellingham, un escritor de himnos inglés, entendió esto muy bien. Por eso escribió un hermoso cántico que comienza así: *"Dios de la gloria, exaltamos tu nombre, tú que reinas en majestad".*

El resto de ese himno es en gran parte Sagrada Escritura, y se basó en el primer capítulo de la Epístola a los Efesios. Muchos himnos escritos hace más de doscientos años por hombres como Isaac Watts, Charles Wesley y John Newton tenían eso en común: se enfocaban en Dios. Los primeros metodistas aprendieron su teología con los himnos que cantaban. Cuando considero muchos de los himnos que se escriben hoy, con pocas excepciones, puedo ver por qué nuestra generación es tan superficial en su conocimiento de la Biblia como en el de la teología.

El salmista lo expresó así:

> El Señor domina sobre todas las naciones;
> su gloria está sobre los cielos.
>
> —SALMOS 113:4

> No a nosotros, oh Jehová,
>   no a nosotros,
> sino a tu nombre da gloria, por tu misericordia,
>   por tu verdad.
>
> —SALMOS 115:1 RVR1960

Los serafines se decían uno al otro:

> "Santo, santo, santo es el Señor Todopoderoso;
> toda la tierra está llena de su gloria".
>
> —ISAÍAS 6:3

Dios dijo a través del profeta Isaías:

> "¡No cederé mi gloria a ningún otro!".
>
> —ISAÍAS 48:11

El Dios de gloria

Una de las cosas que aprendemos de Jonathan Edwards (1703-1758), el gran predicador y teólogo de la historia estadounidense temprana, es que ni la carne ni el diablo pueden producir ni incentivar en nosotros el amor por la honra y la gloria de Dios. Si amas a un Dios de gloria, solo Dios puede hacer eso en ti. ¿Porque es esto importante? Permíteme ponerlo en términos de salvación para ayudarte a entender la manera en que amar a un Dios de gloria es resultado de una obra sobrenatural de Dios. Conozco tres formas de llegar a una verdadera seguridad de la salvación: (1) Mirando directamente a Cristo y su muerte en la cruz, no nuestras buenas obras; (2) el testimonio inmediato y directo del Espíritu Santo; y (3) saber que amas al Dios de la gloria y la honra. Ni la carne ni el diablo pueden generar eso; solo el propio Dios puede hacerlo.

Tengo una deuda de gratitud con el Dr. N. Burnett Magruder y es porque inculcó la enseñanza de los principios de la gloria de Dios en mi vida y mi ministerio. El Dr. Magruder predicó —en noviembre de 1964— en el acto de mi ordenación al ministerio del evangelio en la congregación Thirteenth Street Baptist Church en Ashland, Kentucky. Él se graduó en la Universidad de Yale, a la que había asistido Jonathan Edwards, y me hizo algunas preguntas difíciles y sorprendentes sobre la gloria de Dios ante una audiencia de trescientas personas. El Dr. Magruder se dio cuenta de que se me estremecieron hasta las puntas de los dedos, ya que era (y sigue siendo) algo terrible entrar al ministerio del evangelio. Más tarde le pregunté: "¿No estaría de acuerdo en que la mayor devoción a Dios sería morir como mártir por Jesucristo?". Él sonrió, sacó un bolígrafo y escribió esto en una hoja de papel: "Mi disposición a someterme a la voluntad de Dios sin exigir nada a cambio es la única evidencia de que he visto la gloria divina". Llevé ese pedazo de papel conmigo durante muchos años, asimilando sus implicaciones.

Esa fue la declaración más profunda que he leído en mi vida. Ya sea que esté de acuerdo o en desacuerdo con esta declaración, refleja un Dios que es desconocido para la mayoría de los cristianos de hoy. A la luz de la gloria de Dios, no tenemos ningún derecho a exigirle nada a Dios. En realidad, es él quien tiene que exigirnos a nosotros. Somos "comprados por precio" (1 Corintios 6:20). Él no nos debe nada. No obstante, hay un pensamiento opuesto muy difundido en la actualidad, sobre todo en el movimiento carismático. Hace cincuenta años, todo lo que los carismáticos hablaban y predicaban era sobre los dones del Espíritu Santo. Hoy, sin embargo, lo que predomina es la enseñanza de la prosperidad; algo demasiado común. "Decláralo y reclámalo" es el mensaje predominante de los carismáticos en la actualidad. Curiosamente, el enfoque de los carismáticos y muchos profetas ya no es en la gloria de Dios, sino en las necesidades y comodidades inmediatas de los individuos.

Desearía no tener que decir esto: ninguno de nosotros tiene derecho a chasquear los dedos y esperar que Dios salte, como si fuera un genio de una lámpara. Más bien, debemos acercarnos a Dios pidiendo misericordia, sin importar cuánto tiempo hayamos sido cristianos (Hebreos 4:16).

Josué

Josué, el sucesor de Moisés, aprendió esta verdad aleccionadora. Fue testigo de la inesperada y atemorizadora manifestación de la gloria de Dios, poco después de llevar a los hijos de Israel a Canaán. Un hombre con una espada desenvainada se le apareció y Josué le preguntó: "¿Eres de los nuestros o de nuestros enemigos?" (Josué 5:13). Esa fue una pregunta razonable. La respuesta, sin embargo, fue "No" (v. 14). Eso fue extraño. Sería sensato si el comandante de los ejércitos del Señor estuviera del lado de Josué, a favor de los hijos de Israel. Pero no.

Josué aprendería uno de los aspectos más difíciles, más profundos y más ofensivos de la naturaleza del Dios verdadero, a saber, que él es un Dios de gloria. Que existe para su propia gloria. Que quiere alabanza. Culto. Honra. Adoración. Él es, sin duda alguna, un Dios celoso. Su nombre es Celoso (Éxodo 34:14). No está "a favor" de nadie; está a favor de sí mismo, de su propia voluntad soberana.

A lo largo de los años me he dado cuenta de que esto es lo mismo, que Dios es un Dios de gloria y no está "a favor" de nadie, lo que a menudo desanima a las personas en cuanto al Dios de la Biblia. Encuentran eso ofensivo. Horrible. Lo que Josué descubriría acerca de Dios es el polo opuesto a la enseñanza que juega con la sensación de merecimiento que tienen las personas.

La primera vez que noté cómo se ofendía la gente por un Dios de gloria fue cuando estuve en el seminario. Estaba realmente sorprendido. El Dios a quien había llegado a amar y adorar era el Dios que muchos de los estudiantes y profesores del seminario detestaban.

La Biblia habla a menudo del temor de Dios. Pero el "Dios" que muchos prefieren no le haría daño ni a una pulga. Y sin embargo, el "evangelio eterno" es este: "Teman a Dios y denle gloria" (Apocalipsis 14:7). El primer mensaje del Nuevo Testamento es el de Juan el Bautista: "¿Quién les dijo que podrán escapar del castigo que se acerca?" (Mateo 3:7). Somos justificados por la sangre de Cristo y salvados "de la ira de Dios" (ver Romanos 5:9). De hecho, dijo Pablo, Jesús "nos libra de la ira venidera" (1 Tesalonicenses 1:10 RVR1960).

¿Puedes imaginar la conmoción, el horror, la sorpresa y el dolor que la gente de todo el mundo experimentará cuando vean a Jesús en las nubes? Nadie parece esperar eso. Y, sin embargo, "todos lo verán con sus propios ojos" y "por él harán lamentación todos los pueblos de la tierra" (Apocalipsis 1:7). Gemidos. Deja que eso se hunda por un momento. ¿Con qué frecuencia escuchas a una persona gemir? De vez en cuando puedes escuchar un sollozo o un lloriqueo. Pero la gente solo llora cuando no hay esperanza, ninguna en absoluto.

Cuando supe que el filósofo alemán Ludwig Feuerbach enseñaba que Dios no era más que la proyección del hombre sobre el fondo del universo, comencé a preguntarme: ¿quién habría proyectado un Dios de gloria? Esto demuestra lo equivocado que estaba Feuerbach. Las personas proyectan al dios con el que se sienten cómodas, uno que es agradable. *Ninguna persona soñaría con amar a un Dios celoso, un Dios que existe para su propia gloria.* Esta es la razón por la que Jonathan Edwards enseñó que el diablo no puede generar amor por la gloria de Dios. Si amas al Dios de la gloria y amas la voluntad de Dios, cualquiera que esta sea, puedes estar seguro de que se ha hecho una obra de gracia en ti. La carne nunca puede crear eso. Al Dios de Feuerbach nunca se le ocurriría algo así.

Sin embargo, si descubres que así es Dios y cómo es, y luego lo *amas y lo adoras*, significa que eres un genuino hijo de Dios y un nacido de nuevo.

La razón principal por la que los judíos extrañaron a su propio Mesías fue porque su respeto por el Dios de la gloria había disminuido al punto que su motivación preponderante era la aceptación mutua. No creían que Jesús era el Mesías, y Jesús les dijo por qué: *"¿Cómo va a ser posible que ustedes crean, si unos a otros se rinden gloria, pero no buscan la gloria que viene del Dios único?"* (Juan 5:44, énfasis mío).

Hace unos sesenta y cinco años, procuré hacer de Juan 5:44 el versículo rector de mi vida. En parte recibí esta convicción de un sermón que escuché en Trevecca Nazarene College: que Enoc antes de su traslado al cielo tenía este testimonio, que "agradó a

Dios" (Hebreos 11:5). No dice que complació a sus amigos. O a sus enemigos. O a sus padres. Más bien, agradó a Dios. Por lo tanto, se me dio un deseo ardiente de agradar a Dios, ya que Juan 5:44 coincidía muy bien con Hebreos 11:5. Ciertamente no diré que he alcanzado ese nivel de devoción; es un estándar muy alto. Pero me ha dado paz a la hora de tomar mis decisiones más difíciles y cuando mis mejores amigos y familiares no entendían el rumbo que elegí. La aprobación que da Dios proporciona infinitamente más satisfacción que la alabanza y la aceptación de las personas. El Dios de gloria fue el Dios con el que Josué se encontró. Estaba en tierra santa. Por lo tanto, se quitó las sandalias y adoró tal como lo había hecho su predecesor Moisés años antes (Éxodo 3:5).

Moisés

La experiencia en la "tierra santa" de Moisés y Josué enseña al menos dos asuntos. Primero, hay algunas cosas que Dios no quiere que averigüemos. Y, en segundo lugar, debemos adorar a Dios a pesar de no poder descifrar lo que tanto deseamos descubrir. A veces me pregunto si la herejía es creada por hombres que adoran la lógica más que la verdad y llegan a conclusiones que están muy alejadas de lo que Dios quiere que veamos.

¡Dios no quiere que lo sepamos todo! Lo que Dios quiere es que nos demos cuenta de que solo podemos saber con certeza lo que *él* ha decidido aclararnos. Dios sabe lo que es mejor que sepamos. No podemos torcerle el brazo. Si necesitamos saber algo, Dios nos lo revelará cuando lo necesitemos. Por ejemplo, Jesús les dijo a sus discípulos que tenía muchas cosas que revelarles pero que no las podían soportar, al menos no entonces (Juan 16:12). El problema es que muchos de nosotros somos como los discípulos, que no tenían objetividad en cuanto a sí mismos. Como ellos, a menudo imaginamos que estamos listos para cualquier nivel de verdad u obediencia. Cuando Jesús les preguntó a los discípulos si podían ser bautizados con su bautismo, respondieron apresuradamente: "Podemos" (Marcos 10:39). Sin embargo, en verdad, no pudieron; en la hora más oscura de Jesús, todos lo abandonaron y huyeron (Mateo 26:56).

En Éxodo 3, Moisés vio la zarza ardiente que no se consumía y pensó acercarse lo suficiente a ella para averiguar por qué no se quemaba. ¿A quién no le gustaría saber eso? Moisés estaba a solo unos metros de distancia cuando Dios le dijo: "DETENTE. No te acerques más. Quítate los zapatos. Estás en tierra santa". Tú y yo no podemos acercarnos un poco más a Dios de lo que él permita. A los hijos de Israel, por ejemplo, se les ordenó permanecer a mil metros del arca del pacto —un símbolo de la gloria de Dios— mientras se acercaban a la tierra prometida (Josué 3:4).

Esto debería ayudarnos a ver que solo podemos acercarnos a Dios tanto como él lo desee. No podemos descifrar algunas verdades que Dios no quiere que descubramos o que lleguemos al fondo de ellas. El incidente de la zarza ardiente debería servir como una advertencia para no insinuar que tenemos una relación cercana con Dios y así impresionar a la gente. El peor tipo de presunción es usar el nombre de Dios para aumentar la estima que la gente tiene de ti, por ejemplo afirmar: "Dios me dijo", ya sea que se refiera a nuestra doctrina o práctica. Continuaremos con esto luego.

Permíteme, sin embargo, dar algunos ejemplos de cosas que tratamos de resolver. ¿Cuál crees que es la diferencia entre lo que Dios predestina y lo que permite? DETENTE. No intentes descifrar eso porque Dios no permitirá que lo descubras. ¿Por qué creó Dios a la humanidad consciente de que sufriríamos? DETENTE. No intentes descifrar eso. ¿En qué se distingue el conocimiento que Dios tiene del futuro sin que lo cause, de aquel en el que sí interviene para que ocurra? DETENTE. No intentes descifrar eso.

> Porque mis pensamientos no son vuestros
> pensamientos,
> ni vuestros caminos mis caminos, dice
> Jehová.
> Porque como los cielos son más altos que la
> tierra,
> así mis caminos son más altos que vuestros
> caminos
> y mis pensamientos más que vuestros
> pensamientos.
>
> —ISAÍAS 55:8-9

Tú y yo debemos orar diariamente: "Ayúdame, Padre, a ver lo que quieres que vea, a creer lo que quieres que crea, a captar lo que quieres que entienda y a contentarme con lo que hayas decidido o no que yo sepa". Podemos sentir que tenemos los motivos correctos para saber más acerca de Dios, pero si no tenemos cuidado, nos encontraremos tratando de controlar a Dios. ¡Eso no le agradará! Podríamos ser como Moisés que quería estar más cerca de Dios que lo que este le permitiría. La verdad es que si pudiéramos acercarnos a Dios tanto como deseamos, es probable que no nos quedemos callados al respecto. Así, de manera sutil, buscaríamos llamar la atención sobre nosotros mismos. Eso no agrada a Dios. Parte de la tendencia del corazón humano es tomarnos a nosotros mismos demasiado en serio. Jeremías nos describió a ti y a mí con esta lapidaria frase: "Nada hay tan engañoso como el corazón. No tiene remedio. ¿Quién puede comprenderlo?" (Jeremías 17:9).

Solía preguntarles a los miembros de la Capilla de Westminster: "¿Cuántos de ustedes podrían tomar el té con Su Majestad la Reina y guardar silencio al respecto?". Ahora te pregunto a ti, lector: ¿Podrías pasar una noche en el dormitorio Lincoln, de la Casa Blanca, y nunca decírselo a nadie? ¿Podrías? Lo dudo. Y ¿qué pasaría si tenemos una relación cercana con Dios? Se nos promete que si nos acercamos a Dios, él se acercará a nosotros (Santiago 4:8). Esa relación cercana con Dios se manifiesta en nuestra disposición a renunciar a cualquier "derecho" o pretensión en cuanto a él. Eso significa que debemos amar la voluntad de Dios, honrarla, ya sea que él nos haga sentir bien o no al responder a todas nuestras peticiones de oración. Jesús sabía lo que había "en el hombre" (Juan 2:25) y, por lo tanto, sabe cuánto revelarnos. Esto se debe a que él es un Dios de gloria. Él nunca, nunca, nunca compartirá su gloria con otro (Isaías 42:8).

¿Puedo preguntarte si tienes dificultades con un Dios como este? Lo entiendo. Él es más misterioso que lo que jamás comprenderemos mientras estemos en este planeta. Él es más grande que cualquier cosa que se pueda decir acerca de él. ¿Te emociona esto? Si no es así, no estoy diciendo que no seas cristiano. Pero lo que te estoy diciendo es que definitivamente *eres* cristiano si amas y adoras a un Dios como este.

Es tierra santa. No puedo pensar en nada más impresionante que estar en tierra santa.

Creo que los verdaderos profetas de Dios, es decir, aquellos que se quitan los zapatos, ya sea que reciban o no la seguridad de que Dios está de su lado, esperarían en Dios antes de apresurarse a hablar.

Otra forma de decirlo es esta: ¿eres un siervo de Dios simplemente por lo que Dios hace por ti, o sirves a Dios porque su Palabra es verdadera?

Capítulo 5

LA GLORIA DE DIOS
Y LA DIGNIDAD DE
SU VOLUNTAD

—Déjame verte en todo tu esplendor —insistió Moisés.
Y el Señor le respondió:
—Voy a darte pruebas de mi bondad, y te daré a
conocer mi nombre. Y verás que tengo clemencia de
quien quiero tenerla, y soy compasivo con quien
quiero serlo.

—ÉXODO 33:18-19

Pero Esteban, lleno del Espíritu Santo, fijó la mirada en
el cielo y vio la gloria de Dios.

—HECHOS 7:55

INTEGRIDAD PROFÉTICA

¿Qué es la gloria de Dios? Es lo que Dios es. Es la esencia de su naturaleza; el peso de su importancia; el resplandor de su esplendor; la demostración de su poder; la atmósfera de su presencia.

—RICK WARREN

En 1975, era pastor de Calvary Baptist Church en Lower Heyford, Oxfordshire, Inglaterra. Debido en gran parte a la influencia de mi mentor ya mencionado, el Dr. N. B. Magruder, escribí un catecismo para jóvenes y ancianos. Como la gloria de Dios me había inquietado, desafiado y emocionado, basé el catecismo en algunos de los principios de su gloria. Aparte de la influencia del Dr. Magruder, detesto pensar en cuál podría haber llegado a ser la forma de mi teología.

Una pregunta y la respuesta de mi viejo catecismo fue la siguiente:

Pregunta: ¿Qué es lo más grande que una persona puede hacer?
Respuesta: Ver y amar la gloria de Dios.

Dios, por su gracia, levanta personas que todos necesitamos en momentos cruciales de nuestras vidas a fin de que guíen nuestro pensamiento. Los miembros de mi iglesia en Oxfordshire eran, en su mayoría, pertenecientes a la Fuerza Aérea de Estados Unidos y solo tenían educación secundaria. Fue emocionante ver cómo aprovecharon la oportunidad de aprender los principios teológicos que intenté enseñarles a través de ese catecismo. Para dicha mía, muchos testificaron que eso cambió sus vidas.

La gloria de Dios y la dignidad de su voluntad

En mi opinión, la gloria de Dios se refiere principalmente a *la dignidad de su voluntad*, aunque existen diferentes interpretaciones sobre lo que implica la gloria divina. Sin embargo, mi percepción viene de Efesios 1:12, donde aprendemos que hemos sido predestinados por Dios para obtener una herencia "para alabanza de su gloria". Yo apuntaría a la voluntad soberana de Dios como ocurrió cuando Moisés hizo la petición original: "Te ruego que me muestres tu gloria" (Éxodo 33:18 RVR1960). En respuesta, Dios dijo: "Tendré misericordia del que tendré misericordia, y seré clemente para con el que seré clemente" (v. 19 RVR1960). Pablo cita el último versículo en Romanos 9:15, una sección que describe la voluntad de Dios en acción con ejemplos de la historia de Israel. En otras palabras, veo este entendimiento de la gloria de Dios como primordial.

Ver la gloria de Dios como la dignidad de su voluntad abre el camino a todos los demás conceptos de su gloria. Por ejemplo, la gloria de Dios se manifiesta mostrando lo sobrenatural, creando señales y prodigios. Considera su gloria *visible* en la columna de nube y la columna de fuego en el desierto (Éxodo 40:38). La gloria de Dios puede manifestarse al *escuchar* la voz de Dios, como lo experimentó Moisés cuando recibió los Diez Mandamientos (Éxodo 19—20) o cuando los discípulos escucharon a Dios hablar en el Monte de la Transfiguración (Marcos 9:7; 2 Pedro 1:17). También está la gloria *invisible* de Dios, es decir, lo que se *siente*, como en el temor de Dios o un alto nivel de alegría. Por ejemplo, cuando Jesús resucitó a un hombre de entre los muertos, "el temor se apoderó de todos ellos" (Lucas 7:16). Cuando aparecieron lenguas de fuego sobre las cabezas de los ciento veinte en el día de Pentecostés, fue una manifestación de la gloria de Dios (Hechos 2:1-4). Cuando Dios mató a Ananías y Safira frente a la gente que miraba, "vino gran temor sobre toda la iglesia" (Hechos 5:11). Y, sin embargo, la gente no se asustó, sino que "seguía aumentando el número de los que confiaban en el Señor" (v. 14).

Más ejemplos invisibles de las manifestaciones sobrenaturales de la gloria de Dios incluyen el *fruto del Espíritu* (Gálatas 5:22), la unidad del Espíritu y el pueblo de Dios amándose unos a otros. Estos pueden parecer normales, pero son ejemplos de una manifestación hermosa e invisible de la gloria de Dios. Hay momentos en que Dios manifiesta su presencia de una manera que las palabras no pueden describir:

> Todos aquellos que te encuentran hallan una
> dicha
> que ni la lengua ni la pluma pueden mostrar;
> El amor de Jesús, lo que es,
> Solo sus seres queridos lo saben.

> —BERNARDO DE CLARAVAL (1090-1153)

En la Capilla de Westminster, muchos de nosotros entramos en un pacto de oración en el que oramos diariamente por la manifestación de la gloria de Dios junto con "la receptividad, cada vez mayor en nosotros, a la forma en que Dios decida manifestar esa gloria". La gloria de Dios se manifestó en nuestra calle, en el testimonio, en el ministerio de oración y en la oración por los enfermos ungiéndolos con aceite. Esperábamos que ese pacto de oración resultara en un gran avivamiento. Pero creo que Dios manifestó su gloria en nosotros, después de todo, al llevarnos a un ministerio de servicio humilde.

Fue una manifestación de la gloria de Dios cuando Felipe recibió un santo empujón para ir al desierto y acercarse a un hombre que iba en un carro (Hechos 8:26, 29). Cuando Dios le habló proféticamente a Pablo diciendo: "Tengo mucha gente en esta ciudad"

La gloria de Dios y la dignidad de su voluntad

(Hechos 18:10), refiriéndose a hombres y mujeres que aún no se habían convertido, eso también era una manifestación del Dios de la gloria.

Cometería un gran descuido si descuidara las manifestaciones naturales de la gloria de Dios. "Los cielos cuentan la gloria de Dios, y el firmamento proclama la obra de sus manos" (Salmos 19:1). Pablo habla de esto al comienzo de Romanos: "Lo que se puede conocer acerca de Dios es evidente para ellos, pues él mismo se lo ha revelado. Porque desde la creación del mundo las cualidades invisibles de Dios, es decir, su eterno poder y su naturaleza divina, se perciben claramente a través de lo que él creó, de modo que nadie tiene excusa" (Romanos 1:19-20).

Si somos totalmente sinceros con nosotros mismos, preferiríamos ver o sentir más las manifestaciones sobrenaturales de la gloria de Dios, ya que pueden edificar nuestra fe. Por lo tanto, es probable que experimentemos a Dios al presenciar y sentir lo que *no tiene una explicación natural*.

Un servicio en Ashland, Kentucky, el 13 de abril de 1956, cambió mi vida de manera inesperada. Algo como humo, niebla o neblina se asentó sobre la congregación durante varios minutos. La gente lo vio pero no supo qué hacer con aquello. Al reflexionar en esa experiencia, creo que hubo un sello de Dios en el servicio. El pastor Jack Hayford también describió un momento similar. En esa ocasión, observó el auditorio vacío de su iglesia en California un sábado, y notó que estaba inexplicablemente lleno de neblina. "Eso es lo que crees que es", dice Jack que escuchó que el Señor le hablaba. A partir de esa experiencia de la manifestación de la gloria de Dios, su iglesia creció y pasó de trescientos a varios miles.

Cuando escribí el catecismo influenciado por el Dr. N. B. Magruder, recibí una gran bendición mientras estudiaba a los puritanos ingleses en Oxford. No solo eso, sino que también estaba en deuda con la amistad del Dr. J. I. Packer y el Dr. Martyn Lloyd-Jones. Fue entonces cuando definí por primera vez la gloria de Dios en mi catecismo como la dignidad de su voluntad, una definición con la que mis amigos parecían entusiasmados.

¿Puedes ver la manera en que mi propia definición de la gloria de Dios me lleva a pensar en otros aspectos de su gloria? Ninguna definición, por acertada que sea, puede explicar a Dios; él es más grande que cualquier cosa que se pueda decir. Pero tengo la profunda convicción de que la voluntad soberana de Dios es que todos lleguemos a proclamar su gloria antes de que podamos honrarlo como debemos. La ausencia de una enseñanza firme y una comprensión congruente de la soberanía de Dios explica la superficialidad de la iglesia en la actualidad. Comprender la dignidad de la voluntad de Dios debe llevarnos no solo a adorarlo, sino también a tener cuidado con la forma en que hablamos en su nombre.

La gloria de Dios es la suma total de todos sus atributos: su omnisciencia (él lo sabe todo), su omnipotencia (él es todopoderoso) y su omnipresencia (él está en todas partes). Su gloria lo dice todo.

La voluntad de Dios refleja quién es él, lo que quiere, lo que elige y lo que se propone hacer con respecto a su creación y su pueblo. Dios siempre ha tenido y siempre tendrá voluntad propia. No necesita información tuya ni mía para decidir qué debe hacer a continuación. Esto es muy difícil de entender porque el tiempo no limita a Dios; él no está esperando para actuar. La petición en el Padrenuestro que dice: "Hágase tu voluntad, así en la tierra como en el cielo" (Mateo 6:10), nos hace conscientes de que el Padre ya tiene una voluntad y quiere que obedezcamos y honremos esa voluntad. En el cielo no hay rebelión; los ángeles son perfectos adoradores de Dios. La voluntad de él es lo que debemos tratar de amar y a lo que debemos someternos si decimos en serio lo que proclamamos cuando oramos el Padrenuestro.

La conciencia del pecado

Es imposible permanecer igual cuando piensas en —o experimentas— la gloria de Dios, puesto que obtienes conciencia de tu pecado. Por eso me opongo al ministerio profético que no va acompañado de la predicación del evangelio. Incluso el gran profeta Isaías nos recuerda esto. Él llevaba años en el ministerio, pero un día se le permitió experimentar una visión de la gloria del Señor. Los serafines clamaban unos a otros: "Santo, santo, santo es el Señor de los ejércitos; toda la tierra está llena de su gloria!". ¿Qué resultó de ello? Isaías exclamó: "¡Ay de mí, que estoy perdido! Soy un hombre de labios impuros y vivo en medio de un pueblo de labios blasfemos, ¡y no obstante mis ojos han visto al Rey, al Señor Todopoderoso!" (Isaías 6:1-5). No había duda de las credenciales de Isaías; él era profeta. Pero cuando la gloria de Dios se mostró, lo único que pudo gritar fue: "¡Ay de mí!".

Mientras escribía esta obra, me invitaron a participar en un programa de televisión religioso para hablar sobre uno de mis libros en que digo que hay posibilidad de que seamos fariseos. Hice la observación de que los fariseos no tenían conciencia del pecado y que la iglesia actual también carece de ella. Además, dije que si lees las biografías de hombres y mujeres en la historia de la iglesia, los santos más grandes siempre se vieron a sí mismos como los peores pecadores.

El entrevistador del programa estaba desconcertado; parecía inquieto. Todavía teníamos otros quince minutos para discutir el tema del libro, pero me di cuenta de que quería acortar la entrevista. Era obvio que discutir sobre la conciencia de pecado con ese hombre era completamente extraño para él. No tenía nada que decir. Traté de ayudar, refiriéndome al Padrenuestro, cuando dice "perdona nuestras ofensas", y citando 1 Juan 1:8, donde Juan alega: "Si afirmamos que no tenemos pecado, nos engañamos a nosotros mismos y no tenemos la verdad". El hombre forzó una sonrisa y dijo: "Gracias por estar con nosotros hoy, Dr. Kendall", finalizando el programa.

¿Qué es lo que realmente importa?

Invité a Arthur Blessitt, el hombre que recorre el mundo cargando una cruz, a predicar por mí seis domingos por la noche consecutivos en la Capilla de Westminster en 1982. Él tituló uno de sus sermones "El latido del corazón de Dios". Y tenía que ver con ganar almas, la necesidad de ver a las personas perdidas salvadas. Ese fue un momento trascendental en mi ministerio y también para la Capilla de Westminster. Necesitaba ese sermón tanto como cualquiera, porque fluyó de una visión; Blessitt había visto la gloria de Dios mientras cargaba su cruz por el Amazonas, en América del Sur. El contenido del mensaje que predicó, inspirado en esa visión, fue coherente con mi enseñanza sobre la gloria de Dios. Ese sermón me mostró cómo podía honrar más a Dios dignificando la *razón* por la cual Dios envió a su Hijo a morir en una cruz: que la gente creyera. Pero, ¿cómo pueden creer a menos que escuchen la Palabra que necesitan para ser salvos (ver Romanos 10:14ss)?

¿Qué es lo más importante para Dios? Su gloria y su honra. La gloria de Dios es el denominador común de él y de sus caminos a lo largo del Antiguo Testamento. Ese mismo denominador común también se encuentra en todo el Nuevo Testamento. Este Dios de gloria se revela en el libro de Apocalipsis, cuando los cuatro seres vivientes y los veinticuatro ancianos se postran y lo adoran:

> "Digno eres, Señor y Dios nuestro,
>   de recibir la gloria, la honra y el poder,

La gloria de Dios y la dignidad de su voluntad

porque tú creaste todas las cosas;

por tu voluntad existen

y fueron creadas".

—APOCALIPSIS 4:11, énfasis mío

Lo que más le importa a Dios es la *gloria de su Hijo*, el *Logos* eterno hecho carne, el que murió en la cruz por los pecados del mundo. Los propios seres vivientes y los ancianos adoran al Cordero:

"Digno eres de recibir el rollo escrito

y de romper sus sellos,

porque fuiste sacrificado,

y con tu sangre compraste para Dios

gente de toda raza, lengua, pueblo y nación.

De ellos hiciste un reino;

los hiciste sacerdotes al servicio de

nuestro Dios,

y reinarán sobre la tierra".

—APOCALIPSIS 5:9-10

Dicho esto, ¿crees que a Dios le importa más que nos enfoquemos en la política que en la razón por la que Jesús murió en la cruz? ¿Nos interesa más quién es el presidente que ver a la gente acudir al Señor Jesucristo con fe? ¿Nos enfocamos más en preservar nuestro estilo de vida cómodo que promover la gloria y la honra de Dios?

Arthur Blessitt tenía razón. Él decía que el latido del corazón de Dios es ver a los perdidos salvos. Dios obtiene la máxima gloria cuando afirmamos lo que hizo su Hijo al morir en una cruz. Después de todo, es por eso que Dios "envió" a su Hijo (Juan 3:17). *Por eso* Jesús murió en la cruz. El *logos* eterno se hizo carne en la persona de Jesús de Nazaret, que era (y es) el Dios-hombre. Era hombre y actuaba como tal, como si no fuera Dios; y era Dios y actuaba como tal como si no fuera hombre. Jesús *era* y *es* cien por ciento Dios y cien por ciento hombre. Cuando escribía muchos años después, Juan reflexionaba sobre sus días con Jesús: "(Y vimos su gloria, gloria como del unigénito del Padre), lleno de gracia y de verdad" (Juan 1:14). La gloria de Dios se manifestó en su Hijo eterno, que murió en una cruz para salvar al mundo.

Deberíamos pensar en eso en el momento en que nos sintamos atraídos a confiar en las soluciones políticas, cuando las soluciones políticas pueden no ser lo que realmente le importa a Dios, después de todo.

¿Cómo se relaciona la comprensión de la naturaleza de Dios con la profecía? ¿No habría previsto un verdadero profeta que Joe Biden iba a ser el próximo presidente? Si eres un verdadero profeta de Dios, ¿por qué no te dijo eso? ¿Crees que Dios es omnisciente y conoce el futuro?

Capítulo 6

¿CONOCE DIOS EL FUTURO?

"Por eso, así dice el Señor:
 Les enviaré una calamidad de la cual no podrán
 escapar. Aunque clamen a mí, no los escucharé".

—JEREMÍAS 11:11

"Yo soy el Alfa y la Omega,
 el Primero y el Último,
 el Principio y el Fin".

—APOCALIPSIS 22:13

Un Dios que no conoce el futuro no es Dios.

—SAN AGUSTÍN (354-430)

INTEGRIDAD PROFÉTICA

Cada experiencia que Dios nos da, cada persona que pone en nuestra vida, es la preparación perfecta para un futuro que solo él puede ver.

—CORRIE TEN BOOM (1892-1983)

¿Crees que el ascenso de Joe Biden a la presidencia de esta nación sorprendió a Dios?

Cuando los profetas desinforman, retratan una imagen diferente del Dios que se revela en la Biblia. Muchas personas proféticas tergiversan a Dios, por lo que sus palabras erradas dan la impresión de que Dios no es confiable. La crisis teológica actual no es un desafío a la existencia de Dios, sino a su naturaleza. Sin embargo, la Biblia revela un Dios Creador cuya existencia y naturaleza son inherentemente dignas de confianza y fidedignas. Dios comenzó su obra diciendo: "Sea la luz", e instantáneamente "fue hecha la luz" (Génesis 1:3). Hizo a la humanidad a su propia imagen; varón y hembra nos creó (v. 27). Nos hizo con libre albedrío antes de la Caída (Génesis 2). Les prometió a Adán y a Eva que los castigaría si lo desobedecían (Génesis 3). Pecaron y, luego, Dios los castigó al permitir que la muerte cayera sobre toda la humanidad (Romanos 6:23). ¿Sorprendió a Dios el pecado de Adán y Eva? En ningún momento. El Cordero que fue inmolado en la cruz fue "destinado desde antes de la fundación del mundo" (1 Pedro 1:20).

Cuando alguien asume una función profética y afirma que tiene una palabra del Señor para su pueblo, esa persona —a los ojos de los demás— representa a Dios. Cuando esas palabras de conocimiento o esas predicciones que dice no son ciertas, los demás tienen que elegir entre el profeta, el mensaje o Dios. Entonces surgen muchas preguntas: ¿Acaso ignoraba Dios esto? ¿Le importa a Dios lo que está pasando en esta nación? ¿O es que podría estar equivocada esta persona que habla? ¿Puedo confiar en esa persona? O ¿puedo confiar en Dios? Hoy nos enfrentamos a una crisis grave, tal vez incluso a dos. Tenemos una crisis de liderazgo dentro del movimiento carismático que predice una cosa pero sucede otra. ¿Cuánto tiempo dejaremos que esto continúe? Sin embargo, la crisis más grande es de naturaleza teológica puesto que Dios no puede ser omnisciente y equivocarse en cuanto a quién será el presidente.

¿Conoce Dios el futuro?

Es probable que ya creas —y estés convencido de— que Dios conoce el futuro. Pero voy a mostrarte (y recordarte) algunos versículos de la Biblia que aclaran la respuesta a la pregunta.

"Yo soy Dios, y no hay ningún otro, yo soy Dios, y no hay nadie igual a mí. Yo anuncio el fin desde el principio; desde los tiempos antiguos, lo que está por venir. Yo digo: Mi propósito se cumplirá, y haré todo lo que deseo".

—Isaías 46:9-10

"Pero, en cuanto al día y la hora, nadie lo sabe, ni siquiera los ángeles en el cielo, ni el Hijo, sino solo el Padre".

—Mateo 24:36

Isaías, el profeta del Antiguo Testamento —sin duda— describe a Dios como ningún otro. El conocimiento que Dios tiene del futuro es seguro (a diferencia de nuestra previsión limitada), porque la creación ya sucedió. Y en el libro de Mateo vemos que el conocimiento de Dios en cuanto a la fecha y la hora exactas de la Segunda Venida de Cristo es toda la prueba que necesitamos de que él conoce el futuro.

La profecía del Antiguo Testamento y los acontecimientos futuros

Tengo algo más que decir del Antiguo Testamento sobre el conocimiento de Dios acerca del futuro, que les comunicó a los profetas. José, el hijo favorito de Jacob, predijo que un día sus once hermanos y sus padres se inclinarían ante él (Génesis 37:5-9). Esto se cumplió perfectamente más de veinte años después (Génesis 45:1ss). José también le predijo a Faraón que habría siete años de abundancia seguidos de siete años de hambre. Todo sucedió exactamente como lo profetizó José (Génesis 41:25-57).

Jacob llamó a sus doce hijos y les dijo: "Reúnanse, que voy a declararles *lo que les va a suceder en el futuro*" (Génesis 49:1, énfasis mío). La bendición patriarcal fue un acto profético ya que preparó el escenario para que Judá y su descendencia fueran del linaje del Mesías (Génesis 49:8-12; Mateo 1:2-3; Lucas 3:33).

Jeremías fue acusado de traición por profetizar que Israel sería llevado cautivo a Babilonia por setenta años, mostrando que Dios conoce el futuro:

> "Todo este país quedará reducido a horror y desolación, y estas naciones servirán al rey de Babilonia durante setenta años. Pero, cuando se hayan cumplido los setenta años, yo castigaré por su iniquidad al rey de Babilonia y a aquella nación, país de los caldeos, y los convertiré en desolación perpetua, afirma el Señor".
>
> —JEREMÍAS 25:11-12

Hananías, un falso profeta, le dijo a toda la gente lo que quería escuchar, afirmando que el cautiverio terminaría después de dos años (Jeremías 28:1-3). Pero Jeremías intervino y le dijo a Hananías:

"Ahora oye, Hananías: Jehová no te envió, y tú has hecho confiar en mentira a este pueblo. Por tanto, así ha dicho Jehová: He aquí que yo te quito de sobre la faz de la tierra; morirás en este año, porque hablaste rebelión contra Jehová. Y en el mismo año murió Hananías, en el mes séptimo" (vv. 15-17 RVR1960).

De hecho, toda la profecía en el Antiguo Testamento y el Nuevo Testamento, hasta el último libro del canon de las Escrituras, asume que Dios conoce el futuro. San Agustín afirmó esto al decir que un Dios que no conoce el futuro no es Dios.

Un tiempo crucial en mi vida: 1955-1956

El 31 de octubre de 1955 tuve lo que me gusta llamar una "experiencia en el camino a Damasco". Ocurrió poco después de las 6:30 de la mañana, cuando la gloria del Señor llenó el automóvil mientras conducía de Palmer a Nashville por la antigua Carretera Nacional 41, en Tennessee. Me encanta llevar amigos al lugar donde sucedió eso. En esa experiencia, sentí que surgían dos versículos en mi mente: 1 Pedro 5:7 ("echando toda vuestra ansiedad sobre él, porque él tiene cuidado de vosotros") y Mateo 11:30 ("mi yugo es fácil, y ligera mi carga"). En el momento en que ocurrió esa visión, mi carga espiritual era pesada y parecía aumentar cada vez más. Me preguntaba qué estaba pasando. ¿Acaso no fui salvo? De repente, mientras manejaba, vi a Jesús intercediendo por mí a la diestra de Dios. Era una escena real. Más para mí que cualquier cosa que hubiera conocido, más real que el campo de Tennessee que me rodeaba. Así que me eché a llorar y dejé de orar. Me convertí en espectador y simplemente observé cómo tomaba Dios el control. Me abrumaba ver a Jesús mostrando tanto amor por mí, aunque no podía entender lo que estaba orando. Lo siguiente que recuerdo fue una hora más tarde mientras conducía por la ciudad de Smyrna. Escuché a Jesús decirle al Padre: "Él lo quiere". El Padre respondió: "Él puede tenerlo". En ese momento sentí un calor entrar en mi pecho, al igual que en la experiencia "extrañamente cálida" de John Wesley cuando sintió la seguridad de su salvación. La paz y la alegría excedieron todo lo que había experimentado. No sabía que se podía tener una paz así. No fue simplemente el cese de la ansiedad; era la presencia de una paz indescriptible.

Lo siguiente que recuerdo fue entrar en un estacionamiento cercano a Tidwell Hall, mi dormitorio en Trevecca. Fui a mi habitación y me afeité, luego me dirigí a mi clase de las 8:00 de la mañana y me pregunté qué acababa de pasarme.

Esa experiencia en el auto me dejó con una sensación de la presencia de Dios todo el día y cambió mi perspectiva teológica. El resplandor duró casi un año. Tuve visiones. En una de ellas vi que un gran avivamiento le daría la vuelta al mundo. Vi a personas de todo el globo sacudidas por el conocimiento de que Jesús realmente es el Hijo de Dios y que viene a juzgar. Esa visión obviamente no se ha cumplido; Todavía espero verla en vivo y en directo.

También tuve visiones con otras personas. Un día a Ralph Lee, mi compañero de cuarto en Trevecca, lo dejó plantado su novia. Mientras escuchaba a Ralph expresar su dolor, tuve una visión diáfana de su futura esposa tan claramente como si estuviera mirando su foto. Le aseguré a Ralph que la chica que lo había dejado plantado no era con la que se casaría, sino que lo haría con una linda dama pelirroja (que no era estudiante en Trevecca). Cuatro años más tarde, Ralph trajo a su encantadora esposa y su primer hijo a nuestra casa en Florida. Ella era exactamente la joven que había visto en mi visión.

¿Conoce Dios el futuro?

En febrero de 1956 comencé a servir en calidad de pastor estudiantil en una iglesia en Palmer. Inesperadamente, fui persuadido a renunciar el domingo 6 de mayo, fijando el 20 de mayo como mi último domingo. Aunque esas fechas inicialmente me parecieron claras, luego se me pasó por la cabeza que debía echar un vistazo al calendario para asegurarme de que ambos eran domingos (lo eran). A principios de junio de 1956, mientras conducía de regreso a Ashland, Kentucky, noté que mi tablero se veía exactamente como el del Chevrolet de 1953 de Ralph Lee. Eso me pareció extraño. ¿Por qué el tablero de mi auto se vería exactamente como el del carro de Ralph? Al fin descubrí que eso sucedió con el fin de prepararme para algo bastante traumático que ocurrió un par de meses después. Mi padre y mi abuela, que me habían comprado un Chevrolet nuevo de 1955 para viajar de Trevecca a mi pastorado estudiantil en Palmer, no estaban contentos con mi cambio de teología y el rumbo que elegí porque me alejaría de mis orígenes en la iglesia nazarena. Mi papá incluso dijo que tendría que pagar el alquiler si decidía quedarme en casa, y yo no tenía trabajo. Mientras compartía esto con algunos amigos, un hombre llamado Marvin Creamans escuchó la conversación. "Te daré trabajo", respondió. Tan pronto como entré en su automóvil para recoger y entregar ropa para Creamans Quality Cleaners en Ashland, noté que tenía el tablero de Chevrolet de 1953 que había visto en mi visión. Eso me dio consuelo y una dulce seguridad de que Dios realmente me estaba guiando.

Antes de que te lleves la impresión equivocada, no todas mis visiones se cumplieron como esperaba. Algunas siguen sin cumplirse; tal vez las malinterpreté o tal vez fueron simbólicas. Yo no busqué esas visiones. No pensé que no dependía de mí descifrarlas ni incluso hacer que sucedieran.

INTEGRIDAD PROFÉTICA

Mi padre estaba muy molesto conmigo en esos tiempos. Era el hombre más piadoso que conocía, así que tenía buenas intenciones cuando me acusó de romper con Dios. Compartí una de mis visiones con él para ayudarlo a ver que no había traicionado a Dios, y también le revelé mi convicción de que tendría un ministerio internacional.

Papá tenía una pregunta para mí: "¿Cuándo?".

"Dentro de un año", respondí apresurada e imprudentemente. ¡Me pidió que lo pusiera por escrito! Y lo hice.

Sin embargo, doce meses después no estaba en el ministerio sino como vendedor. Papá se sintió así plenamente reivindicado en la percepción que tenía acerca de mi teología y mi relación con Dios. Todavía era un simple vendedor de puerta en puerta, vendiendo aspiradoras y cochecitos. Dudo que algún ser humano en el planeta hubiera tenido esperanza con mi visión sobre el futuro.

La última visión que contaré fue especialmente inusual y tuve que esperar algunos años para descubrir el resultado.

Mientras aún estaba en Tennessee durante 1956, tuve una visión muy extraña en la que apareció mi padre vistiendo un traje de verano verde menta y caminando por el pasillo central de una iglesia de tamaño modesto. Yo no tenía idea de dónde estaba, aunque recuerdo que había ventanas a la derecha, pero ninguna a la izquierda. El auditorio contenía menos de doscientos asientos tipo teatro sin cojines. Sentí que mi futuro estaba ligado, de alguna manera, a un lugar como ese; lo que me hizo sentir inseguro y preocupado.

Ahora pasemos rápidamente a enero de 1960, cuando acepté predicar en una pequeña iglesia en Ohio. Al instante observé el pasillo central y los asientos tipo teatro con ventanas a la derecha, pero ninguna a la izquierda. En julio de 1960 me convertí en el ministro de esa pequeña iglesia, la congregación de la Iglesia de Dios de Carlisle, Ohio (con sede en Anderson, Indiana). Un mes después, mi papá me llamó para decirme que él y Abbie (mi madrastra) manejarían a Carlisle para escucharme predicar el domingo. Inmediatamente le dije a Louise: "Papá usará un traje de verano verde menta". Cuando llegaron el sábado, mi padre me entregó un traje de verano verde menta para que lo colgara en el armario ya que lo iba a usar al día siguiente. Durante el servicio me quedé esperando que se cumpliera la visión, determinándome que no pasaría nada. No fue hasta que terminó el culto que mi papá salió de la iglesia, pero luego se dio la vuelta y caminó por el pasillo central. Sucedió tal como lo vi en la visión.

¿Cuál fue el propósito de esa visión? Solo puedo concluir que fue la provisión misericordiosa de Dios para consolarme y darme seguridad de que yo estaba siguiendo su voluntad. Solo estuve dieciocho meses en esa congregación, pero esa visión (junto con otras) me dio la esperanza de un futuro mejor que lo que había anticipado hasta entonces. Aunque continué siendo vendedor por algunos años, me sentí más optimista en cuanto a mis futuras perspectivas ministeriales.

No construiría mi teología de la omnisciencia de Dios a partir de esa visión ni de cualquiera de las otras que tuve. Además, no soy profeta; soy un maestro de Biblia. Baso mi teología (creo) enteramente en la Sagrada Escritura. Pero debo reconocer que mis propias experiencias sobrenaturales son coherentes con la premisa de que Dios conoce el futuro. Y lo sabe perfectamente.

Recuerdo haber escuchado a George Beverly Shea decir, un día antes de cantar en una reunión de Billy Graham, lo siguiente: "No se preocupen por el futuro. Dios ya ha estado allí".

¿Acaso Dios no me necesita?

No quiero ser injusto, pero algunas personas aman a un Dios que no conoce el futuro ni sabe lo que hará mañana sin la ayuda de ellas. Esa gente me deja perplejo. ¿Acaso los asusta un Dios todopoderoso y omnisciente? ¿Realmente confían en sí mismos en cuanto a controlar su futuro? ¿Tienen más confianza en sí mismos que en un Dios soberano?

¿Cómo responde Dios a la oración si no conoce el futuro? Hago esta pregunta porque uno de mis profesores en el seminario abrazó el teísmo abierto y admitió con franqueza que no cree que Dios responda a la oración excepto cuando la gente le pide ayuda. Según él, y otros que siguen el teísmo abierto, tampoco cree que Dios escuche mi oración o haga que las cosas sucedan sin mi ayuda o al menos mi iniciativa. Es más, Dios *necesita* mi ayuda; de lo contrario, no pasará nada.

Es posible que te preguntes: ¿Por qué debo orar a un Dios que ya conoce el futuro? ¡Porque el mismo Dios que sabe lo que necesitamos, incluso antes de que se lo pidamos (Mateo 6:8), nos manda que oremos! Si preguntas: "¿Por qué testificar a los perdidos si Dios ya sabe quiénes se salvarán?", mi respuesta es que Dios nos dijo que predicáramos el evangelio a cada persona (Mateo 28:19; Marcos 16:15). Es una cuestión de obediencia creer lo que Dios enseña acerca de su conocimiento del futuro. Es igualmente un ejercicio de obediencia honrarlo orando y testificando a los perdidos.

Dios tiene el control. De hecho, Jesús se sentó a la diestra de Dios Padre y desde allí controla el universo (Hebreos 1:3). Todas las cosas están sujetas a él. Es probable que objetes algo como: "Bueno, hasta esta fecha, no vemos que todo esté sujeto a él" (Hebreos 2:8). Sí, eso es cierto, pero eso también es parte del plan de Dios.

El escritor de la Carta a los Hebreos está de acuerdo, por lo que dice: "Sin embargo, vemos a Jesús, que fue hecho un poco inferior a los ángeles, coronado de gloria y honra por haber padecido la muerte. Así, por la gracia de Dios, la muerte que él sufrió resulta en beneficio de todos" (v. 9).

Entonces, ¿por qué creer cuando ocurre un desastre como la pandemia de COVID-19? Veamos a Jesús. ¿Por qué creer en Dios cuando permite el mal? Veamos a Jesús. ¿Por qué creer cuando todo el infierno parece estallar ante nosotros? Veamos a Jesús.

La palabra *antinomia* es relevante aquí. La antinomia se refiere a verdades paralelas que parecen ser irreconciliables pero que, en realidad, son verdaderas; las dos. Por ejemplo, Dios podría haber decidido salvar al mundo sin emplear la predicación. Pero, en su sabiduría, escogió la "locura" de lo que se predica (1 Corintios 1:21). Dios podría obrar sin que su pueblo orara, pero Jesús —no obstante eso— nos enseñó a orar y no rendirnos (Lucas 18:1). De hecho, Dios usa a aquellos que no se dan por vencidos, aun cuando el futuro parezca sin esperanzas.

Yogi Berra tenía respuestas para la mayoría de las preguntas. Si él fuera pastor, probablemente diría: "Esto no se acaba hasta que se acaba". Tuve el privilegio de conocer a este famoso jugador de béisbol hace unos años, cuando accedió amablemente a reseñar mi libro *It Ain't Over Till It's Over*, que en español significa "No se acaba hasta que se acaba". En esa ocasión le pregunté: "¿Cuándo dijiste por primera vez: 'No se acaba hasta que se acaba'?". Yogi me contó una historia de cuando era el mánager de los Mets de Nueva York (luego los Gigantes de San Francisco). Su equipo estaba en la parte baja de la clasificación de la Liga Nacional y la gente pedía su renuncia. El futuro parecía sombrío. Un reportero le preguntó en julio: "¿Se acabó, Yogi?". A lo que él respondió: "No se acaba hasta que se acaba". Al final resultó que, en septiembre, los Mets terminaron primeros, ¡ganando el banderín de la Liga Nacional! Si alguien no se da por vencido a nivel natural, cuánto más nosotros como creyentes debemos tomar en serio la palabra de Jesús de ¡orar y nunca rendirnos!

Algunas veces, la gente no persistirá. Por ejemplo, un pastor bautista en Kentucky se enojó con Dios porque su hija había muerto a una edad temprana pese a las fervientes oraciones de la iglesia por su sanidad. De modo que anunció públicamente que "Dios tiene mucho de qué responder"; acto seguido, se alejó de la Biblia y abrazó el teísmo abierto en su amargura.

Puedo simpatizar con aquellos que dicen que Dios tiene mucho de qué responder. No entiendo *por qué* creó y sostiene un mundo en el que prevalece tanto el mal, la agonía, el dolor, el sufrimiento, los jueces perversos, los políticos corruptos, las guerras, los terremotos, los tornados y la injusticia. Sin embargo, la diferencia entre el pastor de Kentucky y yo es que aprendí a ponerme del lado de Habacuc.

Habacuc

El profeta Habacuc, del Antiguo Testamento, tenía cuatro quejas contra Dios que me recuerdan las que se hacen en la actualidad (Habacuc 1:2-17):

1. ¿Por qué Dios no contestó la oración de Habacuc?
2. ¿Por qué permitió Dios el sufrimiento?
3. ¿Por qué permitió Dios la injusticia?
4. ¿Por qué Dios se puso del lado del enemigo de Israel?

Aunque cada pregunta o lamento pueden tener respuestas matizadas, las quejas se pueden resumir en la pregunta número dos: ¿Por qué Dios permite el sufrimiento?

En respuesta, Dios hizo una especie de trato con Habacuc. Habacuc decidió ir a una atalaya y esperar la revelación (Habacuc 2:1) que explicaría *por qué Dios permite el sufrimiento*. El Señor respondió a Habacuc solo para decirle que la revelación, o visión, espera su tiempo señalado. Habacuc había pensado que la respuesta estaría a la mano. Sin embargo, cuando llegó a la atalaya, Dios apareció solo para extender una palabra profética acerca de que la revelación espera un tiempo señalado en el *futuro*: "se apresura hasta el fin" (v. 3). ¿Fin? ¿Qué fin? Podrías llamarlo el fin del mundo. Podrías llamarlo el último día. Hoy podríamos llamarlo la segunda venida. Dios insinuó que Habacuc tendría que tomar una decisión: *creer la promesa o alejarse*.

Dios agregó que la revelación se retrasaría, que tardaría. Puede parecer lenta en llegar, pero debemos esperarla. Ya han pasado miles de años, pero no debemos preocuparnos porque Dios le dijo en muchas palabras al ansioso profeta que la visión definitivamente vendrá. Vale la pena esperar.

Por cierto, tú y yo todavía estamos esperando eso.

Habacuc tuvo que tomar una decisión cuando Dios le hizo esa propuesta. Necesitaba aceptar la promesa de Dios o agitar el puño contra él. En otras palabras, Habacuc podría haberle dicho a Dios: "Debes estar bromeando. Estás simplemente dándole rodeos al asunto, retrasando la respuesta y haciéndome esperar mucho tiempo".

Por dicha, Habacuc optó por creer las palabras de Dios.

Y en medio de esas palabras, Dios incluyó una promesa muy significativa: el justo por la fe vivirá (v. 4). Este versículo se cita tres veces en el Nuevo Testamento; Pablo lo usa dos veces en su enseñanza sobre la justificación solo por la fe (Romanos 1:17; Gálatas 3:11). Además, también aparece en la epístola a los Hebreos para fortalecer a los cristianos desalentados que necesitaban esperar a que Dios apareciera (Hebreos 10:38).

En vez de amargarse y cuestionar a Dios por el resto de sus días, Habacuc se regocijó porque creía que Dios conocía el futuro y que Dios limpiaría su nombre. No se nos dice por qué procesos mentales pasó Habacuc. Solo sabemos que algo le pasó. Recuerda también que Habacuc vivía en una sociedad agraria; necesitaba sol, lluvia y buen tiempo para existir. En lugar de aferrarse a su ira, Habacuc afirmó:

> Aunque la higuera no florezca,
>> ni haya frutos en las vides;
> aunque falle la cosecha del olivo,
>> y los campos no produzcan alimentos;
> aunque en el aprisco no haya ovejas,
>> ni ganado alguno en los establos;
> aun así, yo me regocijaré en el Señor,
>> ¡me alegraré en Dios, mi libertador!

> El Señor omnipotente es mi fuerza;
>> da a mis pies la ligereza de una gacela
>> y me hace caminar por las alturas.
>
> —HABACUC 3:17-19

¿Podemos tú y yo decir eso? ¿Eres como muchos que alaban a Dios solo cuando están prosperando en su zona de confort? ¿O alabas a Dios solo cuando tus oraciones son respondidas rápidamente? Exhorto a todos los que lean estas líneas a ser como el profeta Habacuc, que creyó y se regocijó en la promesa de Dios.

Abraham

En las Escrituras, una de las primeras figuras importantes en basar su fe en el hecho de que Dios conoce el futuro es Abraham. Estimado lector, te pido que tengas paciencia conmigo ya que repito un poco de lo que dije antes. Creo que Génesis 15 es esencial tanto para el tema de este capítulo como para nuestra doctrina de la salvación.

Una noche, Abraham estaba muy desanimado. Era un hombre rico, pero no tenía a nadie a quien dejarle su riqueza ya que no tenía hijos. Era avanzado en años y Sara, su esposa estéril, era unos diez años más joven, pero ya no estaba en edad de tener hijos. Así que pensó: "¿Debo dejar mis riquezas a mi siervo Eliezer?". En ese momento, Dios le ordenó a Abraham que saliera de su tienda y mirara las estrellas. "Cuéntalas", dijo Dios. Era una noche clara, pero las estrellas eran demasiadas para contarlas. Había docenas. Cientos. Miles. ¡Ahora sabemos que había miles de millones! Dios le dijo a Abraham, que no tenía hijos: "Así será tu descendencia" (Génesis 15:5).

Abraham tuvo que tomar una decisión. Podía elegir creer en la profecía prometida por Dios. O podría haber dicho algo como esto: "Debes estar bromeando. ¿Me estás tomando el pelo? ¿De verdad esperas que crea que Sara y yo tendremos un hijo a nuestra edad? No seas tan injusto".

Si Abraham tuvo esos pensamientos o pronunció esas palabras, nunca las vimos en las Escrituras porque esta dice que "creyó al Señor, y le fue contado por justicia" (v. 6).

Como vimos anteriormente, este relato en Génesis se convirtió en la prueba principal del apóstol Pablo para su enseñanza sobre la justificación solo por la fe. En Habacuc vimos a un profeta que decidió "vivir por su fe", confiando en que Dios conocía el futuro.

Asimismo, Abraham fue contado por justo porque creyó que Dios conocía *el futuro*.

Sí, Dios conoce el futuro. Es una de las verdades que lo califica para ser Dios. Un Dios soberano. Un Dios omnisciente.

Pablo dijo: "Por eso Dios lo exaltó hasta lo sumo [a Jesús] y le otorgó el nombre que es sobre todo nombre, para que ante el nombre de Jesús se doble toda rodilla en el cielo y en la tierra y debajo de la tierra, y toda lengua confiese que Jesucristo es el Señor, para gloria de Dios Padre" (Filipenses 2:9-11). Aunque estos versículos simplemente dicen que toda rodilla debe doblarse, Pablo en otro lugar se refiere al futuro, porque "¡Todos tendremos que comparecer ante el tribunal de Dios!" (Romanos 14:10). Luego cita a Dios haciendo un juramento:

"Vivo yo, dice el Señor, que ante mí se doblará toda rodilla, y toda lengua confesará a Dios".

—ROMANOS 14:11

Dios conoce el futuro a la perfección. El tiempo está de su lado. Él demostrará lo que sabe y nosotros, que le hemos creído de antemano, nos regocijaremos en ese día cuando todos veamos que el Dios de la Biblia —en realidad— es tal como se describe en ella: verdadero y justo.

Mientras tanto, Dios comparte sus secretos con los que le temen (ver Salmos 25:14 RVR1960). "Porque el Señor Dios no hace nada sin revelar su secreto a sus siervos los profetas" (Amós 3:7 RVR1960).

Los verdaderos profetas de Dios prevén las cosas porque Dios conoce el futuro.

Capítulo 7

SIETE NIVELES
DE PROFECÍA

No desprecien las profecías, sométanlo todo a prueba,
aférrense a lo bueno.

—1 Tesalonicenses 5:20-21

Toda palabra de Dios es digna de crédito;
Dios protege a los que en él buscan refugio.
No añadas nada a sus palabras,
*   no sea que te reprenda y te exponga como a un*
*   mentiroso.*

—Proverbios 30:5-6

No cometo errores. Solo hago profecías que
inmediatamente resultan incorrectas.

—Murray Walker OBE, comentarista deportivo

INTEGRIDAD PROFÉTICA

Los carismáticos se emocionan cuando el predicador lee los capítulos 12 al 14 de 1 Corintios. Saben que oirán cosas como, por ejemplo: "ambicionen los mejores dones" y "ambicionen los dones espirituales, sobre todo el de profecía" (1 Corintios 12:31; 14:1). Pablo enumera nueve dones del Espíritu en 1 Corintios 12, en los que veo una jerarquía —de acuerdo a la importancia de ellos— asignada a los dones. Además, en 1 Corintios 14 Pablo le dice a la iglesia que la profecía es mayor que las lenguas porque "el que profetiza edifica la iglesia" (v. 4). Y puesto que los dones del Espíritu son diferentes en términos de importancia y relevancia, les mostraré que hay siete niveles de dones proféticos.

Antes de llegar a esos niveles, quiero que noten algo acerca de los nueve dones del Espíritu: sabiduría, conocimiento, fe, sanidad, milagros, profecía, discernimiento de espíritus, diversas clases de lenguas e interpretación de lenguas (1 Corintios 12:8-10). Cuatro de estos dones son reveladores. Reveladores significa que el Espíritu Santo hace que la persona sea consciente de algo. Con el don de la sabiduría la persona sabe exactamente qué decir. El don de conocimiento ayuda a la persona a saber lo que es verdad. El discernimiento de espíritus ayuda a las personas en la iglesia a reconocer al Espíritu Santo frente a lo falsificado o demoníaco. Y, por último, la profecía es un dato único sobre el presente o el futuro. La diferencia entre una palabra de conocimiento y una palabra profética es sutil. La palabra (expresión o mensaje) de conocimiento puede referirse a la verdad teológica o puede revelar la necesidad de cierta persona. También puede referirse al presente o al pasado; por otro lado, la profecía se refiere en gran medida al presente o al futuro. Además de instarnos a buscar los dones espirituales superiores, Pablo dice en otra parte que los dones y el llamamiento de Dios "son irrevocables" (Romanos 11:29) y "sin arrepentimiento", dicen las versiones más antiguas. Este es otro ejemplo de una antinomia en las Escrituras: Seguramente, buscar un don espiritual de alto nivel haría que el que lo busca agradará a Dios andando cerca de él mediante el arrepentimiento. Y, sin embargo, cualquier grado de arrepentimiento no garantiza que uno recibirá un don espiritual de alto nivel, porque a fin de cuentas todos los dones espirituales se otorgan soberanamente. Por eso Pablo dice: "[es el] Espíritu, quien reparte a cada uno según él lo determina" (1 Corintios 12:11).

La pregunta es, cuando Pablo instó a los corintios a desear fervientemente los dones espirituales, "sobre todo el de profecía" (1 Corintios 14:1), ¿estaba animando a los cristianos a aspirar a ser el próximo Elías? ¿Estaba Pablo sugiriendo que surgiría otro Samuel, Habacuc o Joel cuando uno buscara el don de profecía? Por supuesto, puede haber sido posible que cualquier cristiano en Corinto deseara, en secreto, ser un profeta como Eliseo (2 Reyes 2:15) o una Débora (Jueces 4:4). ¿Estaba Pablo desafiando a los corintios a ser como Samuel o Daniel? ¿Estaba él poniendo un fundamento para los profetas en la iglesia al igual que en el antiguo Israel?

El teólogo Wayne Grudem piensa que la respuesta a estas preguntas es "no". El Dr. Grudem dice en su libro, *El don de la profecía*, que el uso en el Nuevo Testamento de la palabra "profecía" no se refiere a un oficio profético, que existía en los tiempos del Antiguo Testamento. En la iglesia del Nuevo Testamento había gente que emitía profecías, lo cual era una práctica normal. Sin embargo, ni el mensajero ni el profeta eran importantes; más bien, lo primordial era la profecía, el mensaje. Después de todo, el don de profecía, no el de lenguas, edifica a la iglesia.

Pablo instó a los cristianos en Roma a tener cuidado de no pensar de sí mismos más alto de lo que deberían pensar, sino a pensar sobriamente de acuerdo con la "medida" de fe que Dios les había dado o asignado (Romanos 12:3). La misma palabra griega, *metron*, se usa en Juan 3:34 para mostrar que Jesús tenía el Espíritu Santo "sin límite" o "sin medida".

Hace unos años, adopté el hábito de leer Romanos 12:3 todos los días. Lo necesitaba, fue una experiencia aleccionadora. Aprendí que todos tenemos un límite en cuanto a nuestra fe y a nuestros dones. Sé por experiencia lo humillante que es admitir cuáles son nuestros límites. Pero es sumamente importante que veas a Dios como la fuente de cualquier poder que tengas, de forma que reconozcas y permanezcas dentro de la fe que él te da. Cuando tratas de ir más allá del poder que Dios te da, te estás buscando problemas.

La otra cosa que aprendí de Romanos 12:3 fue que Dios nunca nos promueve al nivel de nuestra incompetencia. Eso significa que Dios puede usarme tal como soy, sin importar cuán inferior pueda ser en comparación con otros predicadores.

Así que una de las cosas más difíciles, si no la más vergonzosa, que tenemos que hacer es aceptar el límite de nuestra fe, nuestros dones o nuestra unción. Nadie puede hacerlo todo. Este es un desafío a nuestro orgullo. Nadie tiene todos los dones que se describen en Romanos 12:6-8, los que a veces se denominan dones inspiradores. Demasiados de nosotros somos víctimas de lo que a veces se llama el "Principio de Peter", el cual afirma que cada persona asciende hasta alcanzar un nivel en el que ya no es competente. Algunos de nosotros queremos un perfil más alto en el cuerpo de Cristo, por lo que a veces nos imputamos una habilidad o un don que Dios no ha puesto ahí. Algunos mueven los hilos para conseguir la iglesia más grande o recibir la invitación más prestigiosa. En última instancia, muchos de los que hacen eso terminan agotados o peor, cumpliendo el Principio de Peter.

¿Querrías un regalo que Dios no quiere que tengas? Dicho esto, sugiero siete niveles de dones proféticos. Imagínate una pirámide, que comienza con el don de menor nivel en la base —que sería una palabra de exhortación general— y que termina en la cima con la Sagrada Escritura, el nivel máximo.

Nivel siete: Exhortación general

El difunto Dr. Michael Eaton (1947-2017), a quien la Capilla de Westminster apoyó, fue misionero en Nairobi, Kenia. Él decía que la exhortación general era una "profecía de bajo nivel". Una palabra de exhortación general puede venir de cualquier cristiano que quiera ser de bendición para el cuerpo de Cristo. Puedes hacer eso exhortando en público o en privado. Por ejemplo, puedes cruzar el auditorio de una iglesia y decirle a alguien:

Tú: "Qué bueno verte por aquí hoy. Tengo la sensación de que eres de aquí".

La persona en la iglesia: "¿En serio?".

Tú: "Sí".

La persona en la iglesia: "Eso me motiva mucho, porque me hace pensar que soy de aquí".

Cuando George Beverly Shea dijo: "No se preocupen por el futuro. Dios ya ha estado allí", estaba pronunciando una exhortación general que animó mucho a alguien que lo necesitaba en ese momento.

Hace algunos años, me sentí guiado a leer 1 Corintios 10:13 al comienzo del servicio: "Ustedes no han sufrido ninguna tentación que no sea común al género humano. Pero Dios es fiel, y no permitirá que ustedes sean tentados más allá de lo que puedan aguantar. Más bien, cuando llegue la tentación, él les dará también una salida a fin de que puedan resistir". Una persona presente en ese culto que nunca antes había ido a la iglesia se sintió convicta de pecado. ¡Ese versículo la tocó y, unos momentos más tarde —después de que leí ese pasaje— se convirtió a Cristo!

La persona que expresa una palabra de exhortación general puede no sentir ninguna unción especial del Espíritu, solo siente el deseo de transmitir una palabra que le parece adecuada. Alguien puede causar una gran impresión en la vida de otra persona con solo decir algo tan simple como lo siguiente: "No es casualidad que estés aquí; Dios tiene un propósito para ti hoy". Una palabra como esa, si proviene del Espíritu Santo, puede transformar vidas. Aun cuando el Espíritu Santo use esa palabra, la persona que da la exhortación puede que no tenga ni idea de que ejerció efecto en alguien.

La persona que dirige el culto puede dar una palabra de exhortación general. Por ejemplo, recuerdo haber escuchado a un joven iniciar un servicio diciendo: "Adoremos y cantemos de una manera que agrade a Dios". Esa frase me cautivó. Nunca pensé en darle "placer" a Dios con mi canto, ¡eso me hizo querer cantar mejor! La profecía de bajo nivel puede traer deleite y gloria al Dios Altísimo y conmover los corazones de todos los presentes. No hay requisitos para expresar una exhortación general. Puedes hacerlo. Yo también puedo hacerlo. Elías pudo hacerlo. El apóstol Pablo podía hacerlo. Todos podemos hacerlo, bendiciendo al cuerpo de Cristo y dando alabanza a Dios.

Nivel seis: Palabra de conocimiento

Una declaración, mensaje o "palabra de conocimiento" puede ser una enseñanza segura o una palabra personal acerca de lo que está sucediendo o ha sucedido en la vida de una persona. Basado en mi lectura del Nuevo Testamento y la experiencia pastoral, sé que uno no necesita tener un alto nivel de dones espirituales como los profetas del Antiguo Testamento para recibir una palabra de conocimiento para alguien. Este es también el tipo de cosas en las que Pablo pensaba cuando instaba a la gente a profetizar.

Dicho esto, aquellos que poseen un don profético de alto nivel siempre pueden operar a un grado de exhortación general o palabra de conocimiento. Pero aquellos que operan al nivel de profecía como el que Pablo consideraba en 1 Corintios 14, no deben creer que son un Elías o un Natán. Dios podría conceder algo como eso, por supuesto. Pero la gente debe cuidarse de no valorar su don más de lo que lo que Dios le "asigna"; recuérdate a menudo lo que afirma Romanos 12:3.

La enseñanza de Gary Morgan, un maestro profético muy respetado de Australia, me ayudó a comprender que la revelación abarca tres cosas:

1. La "palabra de conocimiento" es una revelación del cielo acerca de una situación pasada o presente. Por ejemplo, Samuel le reveló a Saúl dónde estaban los burros que se le perdieron (1 Samuel 9:20).

2. La "palabra de sabiduría" es una revelación que supera al conocimiento o intelecto humano, como en el caso del rey Salomón (1 Reyes 3).

3. La "palabra de profecía" es la predicción de eventos futuros.

Una palabra de conocimiento puede ser espectacular, como cuando alguien anuncia algo y revela nombres, direcciones o números de teléfono exactos. También puede ser más común, como cuando se da una palabra oportuna y edificante.

Un ejemplo poco espectacular de una palabra de conocimiento que se puede decir que experimenté le sucedió a mi esposa, Louise. Un domingo, fue a la Capilla de Westminster con el corazón contrito. Una persona en la capilla se había comportado de manera muy grosera con uno de nuestros hijos, por lo que le incomodaba volver a la iglesia. Pero tan pronto como Louise llegó a un servicio, una nigeriana convertida del islam llamada Grace corrió hacia ella y le dijo: "Hermana Kendall, no sé qué significa esto, pero tengo que compartir una palabra con usted: *celos*". Louise se echó a llorar de inmediato, porque realmente necesitaba escuchar esa palabra en ese preciso momento. Grace no tenía idea de por qué se le había dado esa palabra en particular, pero sentía que Dios quería que se la dijera a Louise. Ten en cuenta que Grace, en ningún momento, expresó: "El Señor me lo dijo", ¡pero Louise estaba convencida de que Dios le había dicho a Grace que indicara eso!

La parte final de esa historia es un punto crucial en este libro. Decir "El Señor me dijo" no hace quedar bien al Señor, porque esta declaración se enfoca en la persona que pronuncia la afirmación. Decir "El Señor me dijo" abusa del nombre del Señor; es un asunto de —simplemente— mencionar nombres o intermediarios. No importa cuán profundamente sientan las personas que tienen una palabra del Señor que deben trasmitir, no necesitan hacer una afirmación como esa. Al contrario, ¡deben dejar que sus oyentes vean por sí mismos que esta palabra es del Señor!

Hace unos diez años, una señora se me acercó en una reunión de C.L.A.N. (siglas en inglés de Líderes Cristianos de Toda la Nación) en Escocia. Me dijo: "Me la paso sintiendo que hay algo relacionado con su corazón cada vez que lo veo". Le pregunté si su sensación se refería a mi corazón físico, lo cual me confirmó. En consecuencia, cuando llegué a casa pedí que me hicieran un ecocardiograma, el cual reveló que necesitaba una cirugía a corazón abierto inmediata. A veces deseo poder volver a ver a esa dama, porque fue la única vez que la vi. Esa fue una palabra de Dios para mí, una palabra que me salvó la vida; sin embargo, ella no me dijo que el Señor le había dicho eso.

Bethan Lloyd-Jones, esposa de Martyn Lloyd-Jones, cierta vez me contó una historia sobre Evan Roberts, la figura principal del avivamiento galés (1904-1905). Un joven con el corazón roto había caminado muchos kilómetros para encontrarse con Evan Roberts. Encontró la casa donde este se alojaba y llamó a la puerta. El joven pidió con urgencia hablar con el señor Roberts, pero no explicó su desesperada petición al anfitrión de la casa. Luego, este anfitrión subió a la habitación de Roberts y le dijo que alguien necesitaba hablar con él. Sin embargo, Evan Roberts estaba en oración y no quiso bajar a encontrarse con el joven. Entonces, el anfitrión empezó a suplicarle a Roberts que únicamente saludara al joven, que estaba muy angustiado. Roberts aún se negó a bajar, pero le dio un mensaje para que se lo diera al joven: "Dale el Salmo 27:10". Este versículo dice: "Aunque mi padre y mi madre me abandonen, el Señor me recibirá en sus brazos". El joven efectivamente había sido rechazado por sus padres y expulsado de su hogar, por lo que esa oportuna palabra terminó siendo más poderosa y consoladora que si hubiera conocido en persona a Evan Roberts. El joven se fue alegre porque Dios conocía su situación.

Como puedes ver, una palabra de conocimiento puede ser inmensamente alentadora para alguien en una crisis. Esta profecía de "bajo nivel" no es espectacular, pero es oro puro para la persona que la necesita.

Nivel cinco: Advertencias proféticas

Las advertencias vienen en diferentes formas. A continuación veremos dos historias personales sobre advertencias, así como una serie de advertencias proféticas durante el regreso de Pablo a Jerusalén.

Recibí una advertencia en enero de 2020. Acababa de terminar de predicar en una iglesia en Lafayette, Luisiana, y un hombre que sabía que teníamos programado viajar a Gran Bretaña la semana siguiente me dijo: "No se preocupe si no pasa sus seis meses completos en Inglaterra este año. Si tiene que volver a casa antes, es parte del plan de Dios". Esa era una palabra bastante extraña, por lo que no pude quitármela de encima. Estuvimos en Londres poco tiempo antes de que los casos de COVID-19 se extendieran por la ciudad. El 15 de marzo volamos de regreso a los Estados Unidos y nos sentimos consolados porque Dios nos había preparado afectuosamente para ese repentino cambio de planes.

Ahora veamos un ejemplo mucho más antiguo de una advertencia que recibí. En enero de 1951, cuando tenía dieciséis años y vivía en Ashland, Kentucky, el Dr. W. M. Tidwell —un destacado predicador de santidad— visitó nuestra iglesia un domingo. Al final del servicio, el Dr. Tidwell, de ochenta años, dijo: "Alguien aquí está recibiendo su último llamado para ser salvo". Al instante, el ambiente en el servicio se serenó y se sentía una gran calma. Entonces el Dr. Tidwell le anunció al pastor anfitrión: "No voy a concluir este servicio; finalízalo tú". Sin embargo, el pastor se negó a terminar el servicio, por lo que la gente se levantó lentamente de sus asientos y se fue a casa sin recibir una bendición formal ni una oración de clausura.

Al día siguiente llegué a casa, después de terminar mi ruta para la entrega de los periódicos. Mi madre salió llorando:

—¿Has oído lo que le ocurrió a Patsy?

—¿Qué le pasó? —respondí.

—La mataron cuando volvía a casa desde la escuela —contestó mi madre.

Entonces recordó que estuvo sentada cerca de Patsy Branham en la iglesia el día anterior, y se sintió incómoda porque Patsy se burlaba de lo que estaba pasando durante el final del servicio con el Dr. Tidwell.

Nunca superé esa tragedia. Cada vez que Louise y yo visitamos Ashland, los recuerdos de ese domingo vuelven a invadirme. En el cruce de las avenidas 25 y Montgomery, dos autos chocaron y mataron a Patsy, a la que yo conocía muy bien. ¿Fue eso una advertencia para la congregación? ¿Fue una advertencia para Patsy? ¿Fue una advertencia para mí? Lo único que puedo decir con certeza es que ese incidente había cimentado en mí un agudo sentido del temor y el juicio de Dios.

Cuando el apóstol Pablo se dirigió a Jerusalén, en Hechos 20, la gente le advirtió que no fuera a ese lugar. Pero él les dijo a los ancianos en Éfeso que iba a Jerusalén, "constreñido por el Espíritu", es decir: su decisión estaba tomada. Admitió que el Espíritu Santo le había testificado que le esperaban "prisiones y aflicciones". Sin embargo, agregó Pablo, él no consideraba que su vida tuviera ningún valor, ni fuera "preciosa" a sus propios ojos (Hechos 20:22-24).

Cuando Pablo llegó a Tiro, unos discípulos anónimos que no parecían tener ningún rango o jerarquía fueron los primeros en advertirlo. Según Lucas, "a través del Espíritu" le dijeron a Pablo que "no subiera a Jerusalén" (Hechos 21:4). Si uno considera que Lucas, que escribió tanto el Evangelio de Lucas como el libro de Hechos, estaba bajo la inspiración del Espíritu Santo, parecería que Dios mismo estaba advirtiéndole a Pablo que no fuera a Jerusalén. De lo contrario, seguramente Lucas no habría dicho que los discípulos le advirtieron a Pablo "a través del Espíritu".

Al día siguiente, Pablo y su grupo llegaron a la casa de Felipe, que tenía cuatro hijas solteras que ejercían dones proféticos. Uno puede fácilmente suponer que ellos también advirtieron a Pablo (vv. 7-9).

Sin embargo, hubo más ejemplos. Agabo, a quien Lucas llamó profeta, tomó "el cinturón de Pablo, se ató con él de pies y manos, y dijo: 'Así dice el Espíritu Santo: De esta manera atarán los judíos de Jerusalén al dueño de este cinturón, y lo entregarán en manos de los gentiles'" (v. 11). Este mismo Agabo había profetizado previamente "por el Espíritu" acerca de una gran hambruna que surgiría en todo el mundo en los días del emperador romano Claudio (Hechos 11:28).

¿Cómo respondió Pablo a esas advertencias proféticas? El mismo Pablo que les dijo a los tesalonicenses que no despreciaran las profecías ahora dice: "¿Por qué lloran? ¡Me parten el alma! —respondió Pablo—. Por el nombre del Señor Jesús estoy dispuesto no solo a ser atado, sino también a morir en Jerusalén". Como no se dejaba convencer, desistimos, exclamando: "¡Que se haga la voluntad del Señor!". Cuando se dieron cuenta de que no se dejaría persuadir, "nosotros [esto habría incluido a Lucas] cesaron y dijeron: Hágase la voluntad del Señor" (Hechos 21:13-14). No hay duda de que el mismo Lucas estaba del lado de los que creían que Pablo no debía ir a Jerusalén.

¿Quién tenía razón? ¿Los profetas que advirtieron a Pablo? O ¿era Pablo el que tenía la razón?

Pablo se sintió constreñido por el mismo Espíritu que, según Lucas, inspiró a ese pueblo profético. Puedes ver fácilmente ambos lados. De hecho, Pablo fue maltratado en Jerusalén y encarcelado. Pero, ¿tuvo razón Lucas al ponerse del lado de los que profetizaron en el Espíritu que Pablo no debería ir allí? En cuanto a Agabo, rompió la regla que le expresé al lector en este libro al decir: "Así dice el Espíritu Santo" (v. 11). ¿Se consideró Agabo profeta en este sentido? Eso es posible. ¡Una mirada cercana a la forma en que resultó todo no coincidía con todo lo que dijo Agabo (ver Hechos 21:27-26:32)!

Se puede argumentar que tanto Pablo como esos profetas escucharon hablar a Dios. Es más, Dios quiso que Pablo fuera a Jerusalén y luego a Roma encadenado.

Y, sin embargo, se puede argumentar que la profecía del Nuevo Testamento y la del Antiguo Testamento no estaban al mismo nivel. Pablo dijo en otra parte: "sométanlo todo a prueba, aférrense a lo bueno" (1 Tesalonicenses 5:21). Si el mensaje de un profeta se equivocaba en los tiempos del Antiguo Testamento, eso implicaba que el profeta tenía que ser apedreado. Sin embargo, no hay tal advertencia en el Nuevo Testamento; al contrario, se nos alienta a no cerrar nuestras mentes a las profecías y, al mismo tiempo, tener el cuidado de probarlos. Cuando un profeta del Antiguo Testamento decía: "Así dice el Señor", esa expresión no estaba abierta al escrutinio. Wayne Grudem ha argumentado que los sucesores de los profetas del Antiguo Testamento fueron los apóstoles elegidos por Dios. Eran ellos los que tenían una autoridad indudable, no, por ejemplo, aquellos cristianos de Corinto a quienes Pablo animó a profetizar aunque permitió su escrutinio: "En cuanto a los profetas, que hablen dos o tres, y que los demás examinen con cuidado lo dicho" (1 Corintios 14:29).

Nivel cuatro: Predicación profética

El primer don motivacional al que se refiere Pablo es el de la profecía, por lo que afirma: "Si el don de alguien es el de profecía, que lo use en proporción con su fe" (Romanos 12:6). La palabra traducida como "proporción" en Romanos 12:6 es *analogia*, de la que obtenemos el término "analogía". Algunos interpretan la palabra profecía, en Romanos 12:6, como si significara predicar. Ciertamente incluye la predicación, pero es más que eso. Si la exposición de las Escrituras de alguien es *verdaderamente* un despliegue de la Palabra de Dios, es profética. No es necesario referirse al futuro para que una palabra sea profética. Uno puede hablar como "oráculo de Dios" (1 Pedro 4:11) y, por lo tanto, ser profético. Esto significa al menos dos cosas: (1) mantenerte dentro de tu unción o tu don, ya que Pablo —en otro lugar— nos dice que no debemos "ir más allá de lo que está escrito" (1 Corintios 4:6). (2) Se refiere a la teología sólida: "la analogía de la fe". Esto significa comparar las Escritura con las Escrituras. Ya sea que Romanos 12:6 se concrete mediante una "palabra profética", como estamos examinando en este libro, o mediante la predicación, su advertencia es que seamos sólidos o firmes en la doctrina. La buena enseñanza y las predicación son coherentes con la totalidad de la Sagrada Escritura.

En mi propia experiencia con personas proféticas, he visto que muy a menudo carecen de una teología sólida. ¡Algunos ni conocen sus Biblias! Cuando le expliqué el evangelio a Paul Cain, tuve la sensación de que él lo estaba escuchando por primera vez. Para su crédito, lo captó rápidamente: Paul Cain fue salvo cuando le expliqué el evangelio. Pero era extraño que alguien tan dotado como él tuviera una comprensión tan pobre del evangelio.

No me malinterpretes; no estoy sugiriendo que muchas personas hoy a las que les encanta profetizar no tengan un don profético válido. Sin embargo, mi convicción es que las personas con dones proféticos deben tener mucho cuidado con lo que enseñan. Como mencioné anteriormente, el apóstol Pedro dijo que tales personas deberían hablar como si sus palabras fueran las "mismas palabras de Dios" (1 Pedro 4:11; "oráculos" en otras versiones). Esto es lo que todos los pastores, clérigos, obispos y predicadores desean.

La predicación profética puede energizar un sermón completo. Por ejemplo, el que expuse en el Centro de Conferencias de Wembley, en octubre de 1992, cuando comparé al movimiento carismático con Ismael y predije que Isaac vendría, esa fue una predicación profética.

La predicación profética también puede expresarse a través de un libro. Por ejemplo, considero proféticos dos de mis libros: *Nunca antes pasamos por este camino* (Casa Creación, 2020) y *¿Qué pasó con el evangelio?* (Casa Creación, 2018). En el primero declaro por qué creo que Estados Unidos está bajo juicio pero que, sin embargo, hay esperanza. En el segundo muestro por qué el evangelio casi siempre ha pasado detrás de una nube pero que el verdadero evangelio restaurará la vida a la iglesia.

En cuanto a los libros, la retroalimentación crítica es una forma de probar o sopesar el mensaje. No hay magia en nuestras palabras, aunque algunos lo sientan así. Una vez, uno de mis editores me contó una historia sobre un escritor que rehusó que le editaran su obra porque "cada palabra de mi libro proviene de Dios". Esto es una completa tontería: todos necesitamos edición, consejo, retroalimentación, aliento y crítica. El problema con la mayoría de nosotros, como dijo Somerset Maugham (1874-1965), es que cuando pedimos críticas, en realidad queremos elogios.

La predicación profética puede ser corta. Una oración o dos insertadas en el lugar correcto de un sermón podrían hablar proféticamente. También puede que sea accidental, comparable a una palabra de exhortación. En consecuencia, los predicadores pueden no darse cuenta de que dijeron algo profético. Por ejemplo, muchos expositores saben lo que es que un oyente se les acerque después del sermón y les diga: "¿Cómo supiste que yo estaba aquí hoy? Hablas como si supieras todo sobre mí".

Un versículo muy conocido entre los predicadores y maestros proféticos es muy pertinente aquí: "El testimonio de Jesús es el espíritu que inspira la profecía" (Apocalipsis 19:10). Este testimonio debe regir toda profecía. El libro de Apocalipsis se llama, literalmente, "la revelación de Jesucristo" (Apocalipsis 1:1), y por lo tanto es profecía. Y, para el caso, también lo es cada libro de la Biblia. Pedro se refirió al Antiguo Testamento como profecía: "Ante todo, tengan muy presente que ninguna profecía de la Escritura surge de la interpretación particular de nadie. Porque la profecía no ha tenido su origen en la voluntad humana, sino que los profetas hablaron de parte de Dios, impulsados por el Espíritu Santo" (2 Pedro 1:20-21). Pablo también dijo virtualmente lo mismo: "Toda la Escritura es inspirada por Dios y útil para enseñar, para reprender, para corregir y para instruir en la justicia" (2 Timoteo 3:16).

Cuando el apóstol Juan escribió las palabras: "El testimonio de Jesús es el espíritu que inspira la profecía", quiso decir que toda profecía *verdadera* proviene del propio Jesucristo. La profecía siempre ha de reflejar la persona y la verdad de Jesús. Una pista de lo que esto significa es recordar que las cartas a las siete iglesias en Apocalipsis 2 y 3 son palabras pronunciadas por el mismo Jesús, que está sentado a la diestra de Dios. Jesús habló como profeta en los días que estuvo en la tierra, como lo hizo amablemente en el pozo con la mujer samaritana y en otras ocasiones. Él profetizó sobre los cambios en la adoración (Juan 4). Pero en su gloria se ve a Jesús con ojos como llama de fuego, pies como de bronce bruñido y una voz como el estruendo de muchas aguas (Apocalipsis 1:12-16). Él sabe todo lo que sucede en su iglesia (Apocalipsis 2). Muchos prefieren separar al Jesús de los evangelios del Jesús que se dirige a las siete iglesias, como si fueran personas diferentes. Para que no lo olvidemos, algunas de las profecías que Jesús pronunció durante su ministerio terrenal fueron duras, especialmente los siete ayes de los escribas y los fariseos (Mateo 23). El testimonio de Jesús ha de reflejar, por tanto, no solo el amor y la ternura del Padre, sino también su justicia y su ira.

Espero no ser injusto, pero muchos profetas de hoy solo dan palabras de aliento con el fin de halagar o hacer sentir bien a las personas. Lo siento, pero tales profecías no reflejan la imagen completa de Jesús, especialmente como se revela en el libro de Apocalipsis. El testimonio de Jesús, por lo tanto, significa que la profecía no solo es verdadera sino que concuerda con toda la Palabra de Dios.

Nivel tres: Testificar bajo persecución

La habilidad de hablar con claridad bajo persecución requiere un alto nivel de autoridad y poder profético. Jesús habla de esta realidad: "Pero, cuando los arresten, no se preocupen por lo que van a decir o cómo van a decirlo. En ese momento se les dará lo que han de decir, porque no serán ustedes los que hablen, sino que el Espíritu de su Padre hablará por medio de ustedes" (Mateo 10:19-20). Esta es la única promesa que conozco en las Escrituras que nos da certeza de que estamos hablando las palabras de Dios, y se da a los que sufren persecución. Por ejemplo, en Hechos 6 y 7 Esteban se vio obligado a responder a sus críticos. Esperaríamos que tuviera miedo, pero no miedo a hablar.

Jesús nos dio dos ejemplos en cuanto a cómo Mateo 10:19-20 se aplica a nosotros: (1) Estamos bajo la presión de los perseguidores, y (2) no planeamos qué decir, sino que respondemos según sea necesario. Estas palabras nos recuerdan que todos los que viven piadosamente en Cristo Jesús sufrirán persecución (2 Timoteo 3:12). Y no deberíamos sorprendernos si de repente se nos pide que demos una respuesta sobre lo que creemos. Para dicha nuestra, Jesús nos dijo: "No se preocupen por lo que van a decir o cómo van a decirlo", para que no tengamos miedo y confiemos en nuestro propio poder. El único mandato aquí es no preocuparse: ¡el Espíritu estará con nosotros de una manera indescriptible!

Este es un nivel muy alto de unción del Espíritu Santo, obviamente. Tú y yo no podemos salir a buscarlo, y menos podemos solucionarlo. La mayoría de los cristianos en la actualidad, incluidos aquellos con poderosos dones proféticos, nunca experimentarán ese nivel de profecía.

Una vez experimenté lo que puede compararse con este nivel de poder, durante mi gestión como pastor de la iglesia en Carlisle, Ohio (donde mi padre una vez usó el traje verde menta; ver el capítulo 6). Acepté el llamado a esa iglesia porque insistieron en que "no tenían más credo que Cristo, ni más ley que el amor y ningún libro más que la Biblia". Al principio, eso fue lo suficientemente bueno para mí, pero al fin las cosas resultaron diferentes. Un grupo de la iglesia me acusó de predicar que Jesús era Dios y que Dios podía asegurar la respuesta de cualquiera a quien llama efectivamente a la salvación. Me denunciaron a las autoridades eclesiásticas de esa denominación y, para septiembre de 1963, me habían preparado un juicio por herejía. En aquel momento, aquello fue la tribulación más severa de mi vida. Providencialmente, mi lectura matutina para el día del juicio fue Mateo 10:19-20, lo que me aseguró que Dios me daría las palabras que debía decir. Y funcionó: estuve tranquilo durante el juicio. Cada palabra fluyó sin problemas. ¡Ojalá pudiera tener ese nivel de poder cuando predico!

También experimenté una ilustración menor pero aún memorable de ese poder cuando estuve en Jerusalén en julio de 2002. El canónigo Andrew White, enviado del arzobispo de Canterbury al Medio Oriente, llamó por teléfono para decirme: "Yasser Arafat te verá en Ramallah mañana por la tarde a las seis en punto". Llamé a Louise, que estaba en Estados Unidos, para pedirle que orara por mí. Se me permitió que me acompañaran dos amigos, así que llevé a Lyndon Bowring y Alan Bell. No tenía derecho a hacerlo, ya que no estaba siendo perseguido, pero decidí reclamar las palabras de Mateo 10:19-20 —en cuanto a no pensar en lo que debería decir— como mi recurso para reunirme con el famoso presidente palestino. Lyndon y Alan intercedieron en silencio por mí, orando en el Espíritu. Durante la reunión estuve sereno, no muy diferente de lo que había experimentado en Ohio en 1963. Una visita que debería haber durado solo quince minutos se prolongó durante casi dos horas. Vi lágrimas en los ojos de

Arafat mientras hablábamos. Al verlo como una oportunidad para evangelizarlo, enfaticé una y otra vez que Jesús murió en la cruz por nuestros pecados (contrariamente a la creencia islámica de que Jesús no murió en una cruz). Arafat nos siguió al anochecer mientras el llamado musulmán a la oración resonaba por todo Ramallah. Quería que volviera a verlo de nuevo. ¡Qué sensación tan extraña! Terminé visitándolo cinco veces más. Aun cuando me negué a pensar qué decir en esa primera visita, no utilicé el mismo enfoque en las visitas posteriores porque planifiqué de antemano qué decirle a Arafat. Después de todo, no fui perseguido, aunque reunirme con un líder mundial por primera vez fue una circunstancia extraordinaria. Cuando Yasser Arafat murió dos años después, lloré.

San Agustín brindó una observación interesante con respecto al alto nivel de unción que se experimenta bajo la persecución. Él consideraba que si Dios podía otorgarnos ese poder y esa autoridad cuando éramos llamados a testificar bajo persecución, fácilmente podría otorgarlo también cuando predicamos. Después de todo, como señalé hace poco, Pedro dijo que cuando hablemos debemos hacerlo como cuando uno habla los "oráculos" de Dios. Si alguna vez se le concedió a alguien ese tipo especial de discurso, ¡esa persona no necesita pretender estar hablando de esa manera! Más bien, deja que otros lo perciban.

La persecución de Esteban resultó en que él hablara las mismas palabras de Dios, Hechos 7 representa casi por completo la Escritura del Antiguo Testamento de principio a fin. Y al final de su mensaje, el primer mártir de la iglesia vio a Jesús "de pie" a la diestra de Dios (Hechos 7:55). ¿Cómo podría ser eso, ya que la Biblia dice que Jesús ahora está "sentado" a la diestra de Dios? Bethan Lloyd-Jones dio la mejor respuesta: "Jesús se levantó para dar la bienvenida a casa al primer mártir".

Nivel dos: Profecía no canónica

Cuando hablo de esto, me refiero a los profetas del Antiguo Testamento que no escribieron ningún libro bíblico, ya que las Escrituras constituyen el nivel superior de revelación o profecía. Las Escrituras son, de hecho, lo más alto a lo que cualquier persona profética puede aspirar. Como veremos dentro de poco, solo las Escrituras son más altas, más fuertes y más poderosas. Ningún ser humano las iguala. Nadie profetizará jamás con una autoridad igual a la de la Escritura. Y si alguien dice que sí alcanza ese nivel de las Escrituras, ignóralo. Cuando hablo de profecía no canónica, quiero decir que el orador tiene poder y autoridad tal cual los profetas del Antiguo Testamento como Elías, Eliseo, Natán y Gad. Ellos eran hombres pertenecientes a Dios, cuyas palabras proféticas venían directamente de Dios. Pero no eran profetas canónicos, es decir, a diferencia de Ezequiel, Jeremías, Daniel e Isaías, no tenían libros con su nombre. No escribieron ningún libro inspirado que se registrara en el canon bíblico.

La pregunta es: ¿puede haber profetas no canónicos como Eliseo y Elías hoy?

Mi respuesta es: "tal vez". Sería extremadamente raro. Sin embargo, dejo la puerta abierta a esto por dos razones. Primero, Jesucristo es el mismo ayer, hoy y por los siglos (Hebreos 13:8). No hay un solo versículo en la Biblia que alerte al cuerpo de Cristo de que la era del llamado cesacionismo se acercaría, ya fuese con la muerte del apóstol más anciano (Juan) o con el tiempo de la formación del canon de las Sagradas Escrituras. ¿Cuándo se decidió el canon, después de todo? Unos dicen que en la primera parte del siglo cuarto; otros afirman que a finales del siglo cuarto; y otros más alegan que a fines del siglo séptimo. La enseñanza del cesacionismo —que proclama que los dones milagrosos ejercidos por los creyentes individuales cesaron con el cierre del canon de las Escrituras— es pura especulación. Lo lamentable es que algunos han convertido esta teoría en un dogma y lo han hecho normativo. En mi opinión, esto apaga categóricamente al Espíritu Santo.

Sin embargo, aquí está la ironía. Hablando en términos generales, estoy del lado de los cesacionistas cuando se trata de teología sana. Leo sus escritos, escucho sus sermones y oigo sus entrevistas públicas. Mi corazón se alegra por lo que enseñan. Al mismo tiempo, sin embargo, ¡también sufre por ellos! Al punto que me digo a mí mismo: "¿Por qué esas personas no pueden ser receptivas al testimonio inmediato y directo del Espíritu Santo?". Unos afirman ser comprensivos, sí, pero a menudo solo a nivel intelectual. Otros de ellos no se llaman a sí mismos cesacionistas, pero bien podrían serlo. Me temo que algunos cesacionistas tienden a encontrar fallas en casi todos los movimientos que proclaman ser obra del Espíritu. Por eso te aconsejo una amorosa precaución: ten cuidado de no descartar de prisa un posible movimiento del Espíritu porque parezca nuevo y diferente, ¡sobre todo si no está ocurriendo en tu propia iglesia!

Recordemos que el Espíritu Santo, como Dios Padre y Dios Hijo, es el mismo ayer, hoy y por los siglos. Por ejemplo, Jesús dijo que él mismo no hizo nada sino lo que vio hacer al Padre (Juan 5:19). El Espíritu Santo, como Jesús, no habla por su propia cuenta sino por lo que oye (Juan 16:13). Un profeta no canónico como Eliseo y otro canónico como Joel o Miqueas tenían eso en común: dijeron lo que dijeron por el poder y la dirección del Espíritu Santo. ¡El Espíritu Santo no comenzó a existir el día de Pentecostés! Él es el Espíritu eterno (Hebreos 9:14) que existió en la eternidad antes de que el mundo comenzara, tal como el Padre y el Hijo. Por lo tanto, fue el mismo Espíritu Santo que está en todos los cristianos de hoy el que guio a los hombres santos de la antigüedad, como dice 2 Pedro 1:20-21. Además, como a Jesús se le dio el Espíritu sin ningún límite (Juan 3:34), lo cual es cierto solo para él, podría complacer a Dios levantar un Natán o una Débora hoy, para hablar con una *gran medida* del Espíritu. Esto no estaría al nivel de las Escrituras, pero posiblemente podría ser igual a los profetas no canónicos como Eliseo o Natán.

Te presento estos pensamientos a ti, lector, como maestro de la Biblia que soy, no como profeta. Lo hago con temor y temblor. Nunca debemos olvidar que los caminos de Dios son más altos que los nuestros y que a él le encanta confundir a los teólogos "sanos" de este mundo. Si Dios pudo convertir las piedras en hijos de Abraham en los días de Juan el Bautista (Lucas 3:8), ¡podría levantar a otro Juan el Bautista si así lo deseara! En pocas palabras: nunca, nunca, nunca debemos subestimar el próximo paso de Dios ni limitarlo estando nosotros encerrados en una red teológica. Nunca debemos olvidar que los caminos de Dios son más altos que los nuestros. Recuerda que la proclamación de Pablo acerca de Cristo crucificado fue una "demostración del Espíritu y de poder, para que vuestra fe no esté fundada en la sabiduría de los hombres, sino en el poder de Dios" (1 Corintios 2:4-5 RVR1960).

Solo hay uno o dos hombres cuyas profecías fueron tan extraordinarias que me hicieron pensar en Eliseo. No me sorprendería que aparecieran más individuos de este tipo en el futuro. Algunas personas proféticas de la actualidad afirman estar en la categoría de Eliseo. Tal vez lo sean, pero lo dudo. Si lo son, probablemente no estén entre los que profetizaron el segundo mandato de Donald Trump en las elecciones de 2020. Podría estar equivocado, ya que Dios es un Dios misericordioso, y quisiera dar la bienvenida a aquellos que se han arrepentido sinceramente por equivocarse en sus profecías. Y les diré por qué les daría una segunda oportunidad: no solo porque se equivocaron, sino porque parecen tener la humildad de un Natán o un Samuel.

Jeremiah Johnson es un ejemplo de un profeta contemporáneo con integridad. Predijo que Trump obtendría la victoria en 2020, junto con muchos otros. Pero Jeremiah Johnson fue el primero (que yo sepa) en revertir su posición y admitir que se equivocó. Supongo que recibió un montón de críticas por humillarse.

En cuanto a aquellos que no admitirán su error, ciertamente espero que no sean como el rey Saúl. Por extraño que parezca, el Espíritu de Dios vino sobre Saúl y él profetizó con tal asombro que la gente a su alrededor preguntaba: "¿Está Saúl también entre los profetas?" (1 Samuel 19:23-24). Este acontecimiento sucedió al mismo tiempo que Saúl se dirigía a matar a David. ¡Imagínate eso! Mi única base bíblica para no rendirme ante los profetas fallidos proviene de Romanos 11:29, que dice que los dones y el llamado de Dios son irrevocables. Algunos dirían que este versículo solo se refiere a Israel, pero mi interpretación es que ya existía un principio general, que Pablo aplicó a Israel como ejemplo.

Después que Dios rechazó a Saúl y le reveló la noticia a Samuel, este fue a la casa de Isaí para ungir al próximo rey. Sin embargo, Samuel se apresuró a suponer que Eliab sería el próximo monarca (1 Samuel 16:6). Los profetas no carecen de prejuicios personales, por lo que era natural que Samuel supusiera que Eliab era el hombre ya que en el antiguo Israel el primogénito recibía el doble de la herencia. Pero Dios intervino: "No te dejes impresionar por su apariencia ni por su estatura, pues yo lo he rechazado. La gente se fija en las apariencias, pero yo me fijo en el corazón" (v. 7). Samuel prácticamente reconoció frente a Isaí y sus hijos que estaba equivocado al suponer que el próximo rey sería Eliab. Resultó que el joven David, la última persona que alguien hubiera imaginado, fue ungido como el próximo rey (vv. 12-13). Por dicha, Samuel prefirió escuchar a Dios en vez de complacer a Isaí. Todos tenemos nuestros prejuicios personales, teológicos y políticos. Es muy fácil imponer nuestros fuertes prejuicios por encima de la Sagrada Escritura, infiltrándose eso en nuestra enseñanza y nuestra predicación. Por ejemplo, considera la forma en que el profeta Natán tuvo que admitir que se equivocó en sus palabras. Natán inicialmente le dijo al rey David que debía construir el templo, y eso era exactamente lo que David quería escuchar. Pero cuando Natán llegó a casa, Dios le dijo (en muchas palabras): "Yo no te dije que dijeras eso. Debes volver a David y decirle que él *no puede* construir el templo" (ver 2 Samuel 7:4-17). ¿Acaso se plantó firme Nathan y dijo: "Ah no, Dios, mi reputación profética está en juego. No puedo hacer algo tan vergonzoso"? No. Volvió a dirigirse a David, con humildad, para decirle que uno de sus hijos edificaría el templo (v. 12ss). Por dicha, David tomó la noticia con dignidad (vv. 18-29).

Si Dios confiara en uno para profetizar al mismo nivel que Eliseo o Natán, ¿puede alguien decir: "Así dice el Señor"? Respondo: ¿Por qué hacer eso? Yo diría que si eres un Elías, un Eliseo, un Gad, un Natán o todos ellos en uno, debes seguir la interpretación de Jesús acerca del tercer mandamiento en el Sermón del monte y rehúses invocar el nombre del Señor. No es necesario recurrir a nada ni a nadie mayor para validar una auténtica palabra de Dios. La mayor libertad es no tener nada que probar. Si tú, en verdad, tienes una palabra de Dios, ella no volverá vacía sino que cumplirá lo que Dios quiere (Isaías 55:11).

Dado que mencioné a Jeremiah Johnson como un profeta que reconoció su equivocación amablemente, también debo afirmar que descubrí a un judío mesiánico, Ron Cantor, a quien se le dio una palabra sorprendente —y no buscada— mientras conducía de

Tel Aviv a Jerusalén en cuanto a que Joe Biden sería el próximo presidente. Cantor ha presentado pruebas de que recibió ese mensaje en septiembre de 2020, unos dos meses antes de las elecciones. No lo pronosticó ampliamente, ya que algunos líderes le aconsejaron que no lo hiciera. Además, Cantor, un republicano acérrimo, me dijo que aun consciente de eso, ¡votaría por Trump! Pero esto me demuestra que al menos a una persona se le confió un verdadero secreto de Dios durante ese tiempo memorable. ¿Por qué no hay más gente así? Dímelo, por favor.

Nivel uno: Sagradas Escrituras

Ninguna palabra profética dada desde el cierre del canon de las Escrituras será superior ni incluso igual a las Sagradas Escrituras. La Biblia es la revelación definitiva de Dios. Ninguna palabra dada hoy tiene el mismo nivel de autoridad o poder que la Biblia. Solo un necio afirmaría profetizar al mismo nivel que aquellos que escribieron los sesenta y seis libros de la Biblia: treinta y nueve en el Antiguo Testamento y veintisiete en el Nuevo Testamento.

Aquí tenemos sabiduría de una clase muy oportuna y aleccionadora: "Toda palabra de Dios es digna de crédito; Dios protege a los que en él buscan refugio. No añadas nada a sus palabras, no sea que te reprenda y te exponga como a un mentiroso" (Proverbios 30:5-6). Nunca olvides esto: Dios no ajustará las reglas para ninguno de nosotros.

La predicación expositiva *no es un adorno* de la Sagrada Escritura, al contrario, es la que explica, aclara y aplica lo que está escrito. El predicador debe tener como objetivo enseñar la Biblia, "exponer" su verdad, y aplicarla con poder y autoridad. Dios honrará a aquella persona que enseñe y predique la Palabra sin ningún esfuerzo por "mejorar" lo que ya está escrito. Por lo tanto, el profeta que dice hablar al mismo nivel de las Escrituras es un falso profeta.

Estimado lector, si deseas ser relegado rápidamente al pasado, subestima la importancia y la infalibilidad de la Biblia. Los antiguos gnósticos se infiltraron en la iglesia primitiva diciendo: "Lo que enseñan ustedes, los cristianos, es maravilloso, pero podemos mejorarlo". Casi hundieron la iglesia. Cuando el escritor de la epístola a los Hebreos dijo: "Jesucristo es el mismo ayer, hoy y por los siglos", colocó este versículo a propósito e intencionalmente justo en medio de un pasaje que enfatiza la perfección y permanencia de la fe dada una vez por todas a los santos (Hebreos 13:7-9). Jesús no solo es el mismo en su persona, sino que también es el mismo en lo que enseñó. El Nuevo Testamento confirma al Antiguo Testamento (2 Timoteo 3:16; 2 Pedro 1:21) y Pedro confirmó las enseñanzas del apóstol Pablo (2 Pedro 3:15), mostrando que la enseñanza apostólica es del mismo nivel de autoridad que el del Antiguo Testamento. Es revelación proposicional, es decir, "la" fe (Colosenses 2:7), "la fe encomendada una vez por todas a los santos" (Judas 3).

Así que te exhorto, especialmente a todos aquellos a quienes se les ha confiado un don profético no fingido, que no den por alcanzado un nivel más alto de profecía. ¡Recordemos la importancia de la Palabra de Dios! El salmista dijo: "Has exaltado tu nombre y tu palabra por sobre todas las cosas" (Salmos 138:2).

Cuanto más honres la Palabra de Dios, más te honrará él a ti (1 Samuel 2:30).

Capítulo 8

LA PROMESA Y EL JURAMENTO

Cuando Dios hizo su promesa a Abraham, como no tenía a nadie superior por quien jurar, juró por sí mismo, y dijo: "Te bendeciré en gran manera y multiplicaré tu descendencia". Y así, después de esperar con paciencia, Abraham recibió lo que se le había prometido. Los seres humanos juran por alguien superior a ellos mismos, y el juramento, al confirmar lo que se ha dicho, pone punto final a toda discusión. Por eso Dios, queriendo demostrar claramente a los herederos de la promesa que su propósito es inmutable, la confirmó con un juramento. Lo hizo así para que, mediante la promesa y el juramento, que son dos realidades inmutables en las cuales es imposible que Dios mienta, tengamos un estímulo poderoso los que, buscando refugio, nos aferramos a la esperanza que está delante de nosotros

—Hebreos 6:13-18

INTEGRIDAD PROFÉTICA

Confiad más en la nobleza de carácter que en un juramento.

—Solón (638-538 a. C.)

No es el juramento lo que nos hace creerle al hombre, sino el hombre al juramento.

—Esquilo (525-456 a. C.)

Pero yo les digo: No juren de ningún modo: ni por el cielo, porque es el trono de Dios;

—Mateo 5:34

Su juramento, su pacto, su sangre,
Me sostienen en la tempestad;
Cuando todo lo terrenal cede,
Él es toda mi esperanza y mi sostén.
En Cristo, la roca firme, estoy de pie;
Cualquier otro terreno es arena movediza.

—Edward Mote (1797-1874),
Himno "Mi esperanza está edificada en Cristo"

¿Te has preguntado qué había detrás de los profetas del Antiguo Testamento que acertaban cuando profetizaban? ¿Cómo pudo Elías ser tan audaz y estar tan seguro cuando le dijo al rey Acab que no caería una gota de lluvia hasta que él lo ordenara (1 Reyes 17:1)? ¿Cómo mantuvo Elías la calma en el Monte Carmelo frente a cientos de profetas de Baal, e incluso se burló de ellos (1 Reyes 18:20-40)?

Déjame hacerte una pregunta afín. ¿Alguna vez has tenido un testimonio del Espíritu tan profundo que te ha llevado a tener certeza absoluta acerca de algo, sin ningún tipo de dudas o ambigüedades? Sentiste que no te engañaron y que no te lo estabas inventando. Dicho de otro modo, ¿alguna vez has estado tan convencido de un testimonio del Espíritu que puedes hasta apostar mil veces tu vida por ello?

En mi opinión, eso es lo que experimentas cuando Dios te jura algo. A este tipo de confianza la llamo "garantía a nivel de juramento". También podría llamarse "seguridad infalible" (según la terminología de la Confesión de Westminster). O quizá testimonio "inmediato y directo" del Espíritu Santo (en palabras del Dr. Martyn Lloyd-Jones). Este capítulo es mi contribución a un tema desafiante.

Pienso que Abraham experimentó esa seguridad cuando estuvo dispuesto a sacrificar a Isaac (Génesis 22:16). Y creo que el autor del libro de Hebreos animó a sus lectores a anhelar y esperar eso mismo (Hebreos 6:9-18).

Estoy convencido de que la garantía a nivel de juramento le permite a la persona "creer que lo ha recibido" (Marcos 11:24). Esa seguridad le da completa confianza de que su oración ha sido "escuchada" y que será contestada absolutamente (1 Juan 5:15).

Antes de decir más, aclaro que no estoy sugiriendo que la gente lo haga bien todo el tiempo. Algunos se apresurarán a decir que experimentaron esa seguridad infalible y aun así se equivocaron en su predicción. Es útil recordar que la seguridad infalible tiene elementos objetivos y subjetivos. Hablando en términos objetivos, el contenido puede ser verificable; en el caso de Elías, no llovió. Hablando subjetivamente, esa seguridad es algo en lo que crees en tu corazón, lo cual no se puede probar empíricamente. Por tanto, es de vital importancia tener una visión equilibrada de estos dos elementos para comprender adecuadamente la seguridad infalible.

Los profetas contemporáneos incomodan a los que no pertenecen al movimiento carismático. Esos extraños se preguntan por qué los profetas de hoy actúan como los profetas del Antiguo Testamento.

¿Por qué estos profetas dicen "El Señor dice" o "Así dice el Señor"? A mí también me gustaría que las personas proféticas reduzcan el tono cuando invocan el nombre de Dios en sus intervenciones. Pero hay dos razones por las que las personas proféticas adoptan los gestos del Antiguo Testamento. Primero, son conscientes de las críticas cesacionistas, que niegan que la profecía ocurra hoy. Por ejemplo, los críticos argumentan que si hubiera profetas hoy, no cometerían errores. Esta crítica hace que las personas proféticas se pongan a la defensiva y estén ansiosas por insistir en que lo han hecho bien. En segundo lugar, los profetas que llegué a conocer íntimamente negarían haberse equivocado en una palabra. En vez de eso, dirían que la palabra se aplicó incorrectamente. Por ejemplo, en una ocasión le pregunté a Paul Cain si alguna vez se había equivocado. "No, nunca lo he hecho", afirmó con su cara muy seria. Sin embargo, no estuve ni estoy de acuerdo con él. Por ejemplo, Paul le había dicho a John Wimber: "Así dice el Señor: un avivamiento llegará a Londres". Pero no llegó. Como ya describí, Paul —posteriormente— aclaró: "Solo dije 'señales' de avivamiento". A lo largo de nuestra amistad, lo insté una y otra vez a que dejara de decir: "Así dice el Señor". Tal invocación explícita del nombre de Dios es lo que la gente quiere decir cuando preguntan por qué las personas proféticas actúan como los profetas del Antiguo Testamento.

Ahora bien, no estoy diciendo que Dios no pueda o no levante a otro profeta como Elías o Natán; no cierro la puerta a esa posibilidad. Pero creo que eso sería raro. En mi opinión, Paul Cain estuvo cerca. Hoy en día algunos individuos se arrogan esta categoría para sí mismas, aunque no conozco a ninguna en persona.

El secreto para acertar cuando profetizas es saber con certeza absoluta que Dios te ha hecho un juramento. Si alguien profetiza sin recibir ese juramento de Dios, debe enfrentar la tarea por su cuenta y riesgo.

Consideremos a Elías. Como dije, la ausencia de lluvia fue una respuesta a su oración. La Biblia nos dice que Elías oró "fervientemente" para que no lloviera (Santiago 5:17). ¿De dónde vino esa idea? ¿Fue de Dios? ¿O de Elías?

Elías sentía una gran carga por Israel a causa de la predominante adoración a Baal. De alguna manera, se le ocurrió un modo de derrotar al enemigo del Dios de Israel, orando para que no lloviera. Dios le aseguró completamente que su oración había sido respondida haciéndole un juramento. Esto le dio confianza a Elías (uno podría llamarlo una santa arrogancia) ante el rey Acab para declarar que no caería una gota de lluvia "sin mi palabra" (1 Reyes 17:1).

Elías solo recibió órdenes de Dios, que era la fuente de su poder. La prioridad y motivación de Elías era la gloria del Dios de Israel, no el patriotismo. Él estaba aferrado a Dios —que había elegido a Israel, en primer lugar— y, además, entendía los caminos de Dios.

Si eres como yo, sospecho que la seguridad a nivel de juramento es nueva para ti o al menos no es de conocimiento común. Al escribir este capítulo, así como en mi ministerio, mi objetivo es conocer los caminos de Dios e invitar a otros a buscarlo. Dios lamentó que el antiguo Israel no conociera sus "caminos" (Hebreos 3:10), y esa fue parte de la razón por la cual el pueblo de Israel perdió su herencia (Hebreos 3:18-4:1). Por lo tanto, aunque es importante que los profetas obtengan la confirmación de Dios por sus palabras, todos los creyentes también necesitan tener sed y hambre de conocer los caminos de Dios. Estoy convencido de que recibir un juramento de Dios hará que los que creemos digamos con David (cualquiera que sea tu don o llamado): "Bellos lugares me han tocado en suerte; preciosa herencia me ha correspondido!" (Salmos 16:6).

¿Cuáles son las diferencias entre la promesa y el juramento?

Hasta hace poco, no apreciaba completamente el significado de las "dos cosas inmutables" que se mencionan en Hebreos 6:18 (RVr1960). Esas dos cosas inmutables son la promesa de Dios y su juramento. Ver esto me abrió un nuevo mundo teológico. Dios inicialmente le prometió a Abraham que su simiente sería tan numerosa como las estrellas del cielo (Génesis 15:5). Unos veinte años después, Dios le juró que su simiente sería como las estrellas del cielo (Génesis 22:15-17). Tanto la promesa como el juramento eran igualmente verdaderos, ambos procedían de Dios y su *contenido* era exactamente el mismo, es decir, que la simiente de Abraham sería demasiada para contar.

¿Por qué era necesario ese juramento? Creo que Dios hizo el juramento para que podamos saber sin duda que Abraham lo escuchó de él.

¿Cuál es la diferencia entre la promesa y el juramento? Una de ellas es la distinción entre seguridad y seguridad total. La fe es seguridad (del griego *hipostasis*, Hebreos 11:1). La fe es lo que justifica (Romanos 4:5). La fe también está asentada en el corazón

(Romanos 10:9-10). Pero hay otra palabra en el griego, *plerophoria*, que se refiere a la seguridad plena. Este es el nivel más alto de fe que podemos tener durante nuestra peregrinación aquí en la tierra. Eso es lo que finalmente experimentó Abraham cuando recibió el juramento.

Otra diferencia es que el juramento es más convincente que la promesa sola. Al hacer un juramento, Dios mostró su promesa "claramente" (Hebreos 6:17). El juramento establece el hecho "claramente" (NVI). La Nueva Traducción Viviente enfatiza este punto al traducirlo como "totalmente seguros" (NTV). Abraham verdaderamente creyó esa promesa inicial, y su fe le fue contada por justicia (Génesis 15:6). Esta creencia en la promesa se convirtió en la base bíblica del apóstol Pablo para su enseñanza de la justificación solo por la fe (Romanos 4).

Abraham *sintió* el juramento. El juramento de Dios fue absolutamente real e hizo a Dios muy real. Después de recibir el juramento de Dios, Abraham creyó en la misma promesa con un nivel de confianza que prácticamente equivalía a no tener dudas. No es que nunca dudara, pero la posibilidad de hacerlo era casi nula. La voz de Dios a Abraham pudo haber sido audible física o internamente. De cualquier manera, Abraham estaba absoluta y totalmente convencido de que su simiente sería innumerable, como si ya la hubiera tenido ante sí.

A veces las promesas son condicionales. Una de las mayores promesas del Antiguo Testamento comienza con un "si":

"Si se humillare mi pueblo, sobre el cual mi nombre es invocado, y oraren, y buscaren mi rostro, y se convirtieren de sus malos caminos; entonces yo oiré desde los cielos, y perdonaré sus pecados, y sanaré su tierra".

—2 Crónicas 7:14 RVR1960

Asimismo, el versículo más famoso del Nuevo Testamento tiene una condición:

"Porque tanto amó Dios al mundo que dio a su Hijo unigénito, para que todo el que cree en él no se pierda, sino que tenga vida eterna".

—JUAN 3:16

La promesa de la vida eterna se ofrece con la condición de que "todo el que cree" recibe la vida eterna.

El juramento, sin embargo, es incondicional. Una vez que Dios hace un juramento, es irrevocable. Nada, nunca, puede cambiarlo. No hay nada más maravilloso que hacer que Dios haga un juramento de misericordia para ti o para mí.

Así que, cuando Dios le hizo el juramento a Abraham, este recibió una seguridad infalible de que su simiente sería *absoluta e irrevocablemente* como las estrellas del cielo y la arena a la orilla del mar.

A nivel de humano a humano, el juramento es más convincente que la promesa. En el mundo antiguo, la promesa podía romperse y hasta podía perdonarse. Pero si uno hacía un juramento, generalmente todos asumirían que se mantendría porque las consecuencias de no hacerlo serían graves. Si alguien era sorprendido violando un juramento, se derramaba sangre.

¿Por qué algunos requieren un juramento hoy? ¿Por qué el presidente de los Estados Unidos hace un juramento el día de la toma de posesión? ¿Por qué se requiere que las personas juren decir "la verdad, toda la verdad y nada más que la verdad" en un tribunal de justicia?

¡La triste realidad es que no todo el mundo dice la verdad! Vivimos en un mundo perverso.

Algunos decían en la antigüedad que se podía confiar en la nobleza de carácter de uno más que en un juramento. A una persona de carácter noble se le podía creer sin juramento. Sin embargo, no todas las personas tienen un carácter noble y por eso es que se necesitan los juramentos.

Ejemplos de juramentos humanos en la Biblia

La Biblia tiene muestras de juramentos hechos entre personas. Es importante ver que incluso los que se hacen entre personas malvadas tienen que respetarse debido a las graves consecuencias que implica romperlos.

El juramento del rey Herodes

Unos mil setecientos años después de Abraham, en el cumpleaños del rey Herodes, la hija de Herodías bailó ante sus invitados. Herodes estaba tan complacido que prometió, "bajo juramento", darle todo lo que ella pidiera. Impulsada por su madre, la hija dijo: "Dame la cabeza de Juan el Bautista aquí en un plato" (Mateo 14:6-8). Esta petición molestó al rey.

Sin embargo, incluso el malvado Herodes tuvo que cumplir su juramento de hacer decapitar a Juan el Bautista. No sabemos si el juramento estaba relacionado con el nombre de Dios o si Herodes simplemente dijo: "Lo juro" pero, en la antigüedad, se respetaba cualquier juramento. Por lo tanto, a causa de su juramento y del escrutinio de los invitados a la cena, Herodes ordenó la muerte de Juan el Bautista (v. 9).

El pacto que hizo Josué con los gabaonitas

El pacto o tratado en el Antiguo Cercano Oriente era un acuerdo mutuo entre dos partes con igual autoridad, y el juramento era una parte de la puesta en vigencia de ese pacto. Al hacer un juramento, las partes acordaban mantener los términos del pacto.

Durante la conquista de Canaán, en Josué 9, un grupo de personas llamados gabaonitas sabían muy bien que los israelitas cumplían su palabra. Y como los gabaonitas previeron que los israelitas derrotarían a todos los de Canaán, incluidos ellos, engañaron a Josué para que pensara que ellos eran personas honestas. Si podían convencer a Josué de que eran forasteros para que los israelitas hicieran un pacto (la NIV usa "tratado" y la RVR1960 habla de "alianza" para referirse a lo mismo) de paz con ellos, estarían a salvo. Una vez que se acordaron los términos del pacto, este sería aprobado o ratificado. La ratificación de pactos implicaba un juramento de hacer —o abstenerse de hacer— lo que establecía dicho acuerdo. En este caso, Josué y los israelitas juraron dejar vivir a los gabaonitas. Las ceremonias que se realizaban para establecer un pacto incluían sacrificios de animales a fin de simbolizar lo que sucedería si una de las partes violaba los términos del pacto. Si cualquiera de las partes rompía el pacto, la parte culpable sufriría el mismo destino sangriento que el animal sacrificado.

Josué y los israelitas juraron dejar vivir a los gabaonitas, por lo que pusieron en efecto el pacto entre los dos grupos (Josué 9:15). Sin embargo, el libro de Josué dice que los israelitas no consultaron al Señor en cuanto a ese asunto (v. 14). Y tres días después, Josué descubrió que había sido engañado. ¿Acaso invalidaron, la deshonestidad y la hipocresía de los gabaonitas, la vigencia del pacto? No. Josué había hecho un juramento por el que obedecería el pacto, y tuvo que vivir con su error por el resto de su vida.

Varias generaciones después, el rey Saúl deshonró el pacto que Josué había hecho con los gabaonitas al matar a algunos de ellos. No hubo consecuencias inmediatas para Saúl por sus acciones pero, años más tarde, durante el reinado del rey David, Israel sufrió una hambruna que duró tres años. Cuando David buscó el rostro de Dios para averiguar las causas de esa hambruna, el Señor le respondió: "Esto sucede porque Saúl y su sanguinaria familia asesinaron a los gabaonitas" (2 Samuel 21:1). La hambruna no sucedió por algo que David hubiera hecho. Es más, fue porque Saúl había quebrantado el pacto que Josué y el pueblo de Israel habían jurado guardar. Aunque tanto Josué como Saúl estaban muertos, el pacto entre los israelitas y los gabaonitas seguía vigente. De hecho, aun cuando "los israelitas habían hecho un pacto con ellos [unos cientos de años antes], Saúl había tratado de exterminarlos en su celo por el pueblo de Israel y Judá" (ver v. 2). Debido a que Saúl no cumplió con el juramento del pacto, tuvo que hacerse una expiación. Así fue que David entregó a siete de los hijos de Saúl —una generación completa— para expiar el error de Saúl (vv. 8-9).

Esto muestra cuán seriamente toma Dios los pactos y los juramentos hechos a nivel humano. Una de las razones de ello es que el pueblo de Israel invocó su divino nombre como testigo cuando juraron obedecer el pacto. Eso agrega otro nivel de importancia a los juramentos humanos: el uso del nombre del Señor. Israel no podía tomar el nombre de Dios a la ligera, ni en vano; y nosotros tampoco.

El tercer mandamiento

En el Sermón del monte, Jesús expuso una nueva interpretación de tres de los Diez Mandamientos. El sexto mandamiento es: No matarás (Mateo 5:21-26). El fariseo se sentía justo si guardaba rencor o no perdonaba, mientras que no hubiera asesinado físicamente a una persona. Pero, según Jesús, uno cometía asesinato con solo estar enojado en el corazón. Por otro lado, el séptimo mandamiento es: No cometerás adulterio (vv. 27-30). El fariseo podía entregarse a la pornografía y no quebrantar la ley. Pero Jesús dijo que practicar la lujuria o hacer que alguien más lo haga es adulterio en el corazón. El tercer mandamiento es: No tomarás el nombre de Jehová tu Dios en vano (vv. 33-37). El significado original del tercer mandamiento no se refiere simplemente a la maldición o al lenguaje obsceno, es un asunto mucho más profundo; se estableció para garantizar la veracidad de algo a través de la invocación del santo nombre de Dios. Jesús aplicó este mandamiento para que la gente nunca usara el nombre de Dios para beneficio personal.

La aplicación del tercer mandamiento por parte de Jesús logró dos cosas: primero, resguardó el nombre de Dios al decirnos que *¡no debemos jurar en absoluto!* Esto implicaba que nunca debíamos —ni debemos— decir: "El Señor me dijo". Por lo tanto, nadie puede abusar del nombre de Dios. Jesús también sabía que al invocar el nombre de Dios no estamos haciendo que este se vea bien, sino que nos estamos haciendo ver bien a nosotros mismos. Por tanto, tú y yo siempre debemos juzgar nuestras palabras y cuestionarnos: "¿Estoy diciendo esto para que Dios se vea bien o para quedar bien yo?". Segundo, Jesús quiere que digamos la verdad sin tener que apelar a algo superior, ya sea el cielo, la tierra o Jerusalén (vv. 34-35). Por eso dijo que nuestra conversación debe ser simplemente "Sí" o "No" (v. 37). En otras palabras, simplemente debo decir la verdad cuando hablo contigo; no tengo que decir: "Te juro que te estoy diciendo la verdad". Ni como algunos dicen: "Lo juro por la tumba de mi madre". Ni: "Te lo juro de todo corazón". Incluso tengo un amigo que diría: "Te lo juro por mi amor a Jesús". Sin embargo, es el propio Jesús el que elimina el juramento por completo. Por lo tanto, aunque hacemos juramentos civiles en ciertos lugares públicos, no podemos invocar el nombre de Dios por nuestro propio interés.

Santiago, el medio hermano de Jesús, siguió la enseñanza de este en el capítulo 5 del libro que lleva su nombre. Y dirige su atención a un grupo de cristianos ricos en la iglesia de Jerusalén que habían estado reteniendo los salarios bien ganados de los cristianos más pobres y desvalidos. Santiago advirtió a esos cristianos ricos que Dios en el cielo ha escuchado los "clamores" de los cristianos más pobres, por lo que juzgará con vehemencia a esos ricos (Santiago 5:1-5). Al mismo tiempo, Santiago se dirige a los cristianos más pobres y *también les advierte*. Aunque el apóstol claramente se parcializa por los pobres, estos cristianos maltratados estarían tentados a usar el nombre de Santiago contra esos ricos y señalarlos con el dedo. Su tentación sería decir: "Mira, Dios está de nuestro lado y contra ustedes". Sin embargo, Santiago les advierte que no deben hacer eso o *ello también* serían condenados. Luego cita a Jesús y el Sermón del monte:

Sobre todo, hermanos míos, no juren ni por el cielo ni por la tierra ni por ninguna otra cosa. Que su "sí" sea "sí", y su "no", "no", para que no sean condenados.

—SANTIAGO 5:12

En otras palabras, a los trabajadores del campo que habían sufrido abusos financieros se les instruyó que no afirmaran que Dios estaba con ellos y en contra de esos cristianos ricos, ¡aunque Dios estaba de su lado y en contra de los cristianos ricos! Se les advirtió que dejaran el nombre de Dios fuera de eso por completo.

En general, tal como en ese tiempo al que se refiere Santiago, las personas —actualmente— quebrantan el tercer mandamiento al usar el nombre de Dios para garantizar que están diciendo la verdad cuando, en realidad, no están diciéndola. Decir: "Juro por el nombre del Dios altísimo que digo la verdad", cuando en verdad se está mintiendo, es tomar el nombre de Dios en vano. Otra forma en que podían quebrantar el tercer mandamiento era jurar por el nombre del Señor que cumplirían su voto, o la parte de un pacto, y luego lo quebrantaban. Y aun otra forma en que uno podría tomar el nombre de Dios en vano es cuando algún profeta afirma: "Así dice el Señor", cuando —en verdad— a ese profeta no se le ha dado tal mandato.

Veamos al profeta Hananías como ejemplo de alguien que abusó del tercer mandamiento al afirmar que los hijos de Israel serían libres del cautiverio babilónico y regresarían a Jerusalén en dos años. Él dijo: "Así dice el Señor Todopoderoso, el Dios de Israel: 'Voy a quebrar el yugo del rey de Babilonia. Dentro de dos años devolveré a este lugar todos los utensilios que Nabucodonosor, rey de Babilonia, se llevó de la casa del Señor...'" (Jeremías 28:2ss). *Hananías le dijo a la gente lo que la gente quería oír.* Eso lo convirtió en un profeta muy popular.

Por otro lado, Jeremías era bastante impopular. Primero, fue acusado de traición porque profetizó que los hijos de Israel serían llevados cautivos a Babilonia. Se pensó que eso nunca le sucedería a Israel, pero la profecía de Jeremías era correcta. Segundo, Jeremías llegó a ser aún más odiado porque profetizó que el cautiverio duraría setenta años.

El pueblo quería creer la profecía de Hananías porque afirmaba que el cautiverio solo iba a durar dos años. Pero Jeremías confrontó a Hananías y le dijo: "Ahora oye, Hananías: Jehová no te envió, y tú has hecho confiar en mentira a este pueblo". Entonces Jeremías profetizó a Hananías: "He aquí que yo te quito de sobre la faz de la tierra; morirás en este año, porque hablaste rebelión contra Jehová" (vv. 15-16). Esta palabra se cumplió: "Y en el mismo año murió Hananías, en el mes séptimo" (vv. 17). ¿Juzga Dios a los profetas hoy? Claro que sí, pero es un misterio cómo ocurre ese juicio. Una posibilidad, como en el caso de Hananías, podría ser que un profeta muriera en forma prematura. Otra posibilidad es que el Señor permita que la vergüenza en toda su intensidad caiga sobre el falso profeta que toma su nombre en vano, cubriendo indefinidamente a esa persona con una nube de duda y sospecha.

Cómo aplicar el tercer mandamiento a la profecía

La manera en que Jesús interpretó el tercer mandamiento (Mateo 5:33-37) significa que si yo, R. T. Kendall, realmente recibo una palabra clara, indudable y directa de Dios, ¡no debo decírtela a ti ni a nadie más! Dios puede volverse contra mí si quebranto la confianza que él ha depositado en mí. Si Dios confiara en mí y me revelara un secreto (Salmos 25:14), no se me permite decir eso, ni siquiera insinuárselo, a un alma viviente. De lo contrario, *Dios puede juzgarme.*

Si recibo una palabra de Dios para ti, por ejemplo, puedo decirte: "Esto es lo que creo que debes considerar..." Luego lo digo. No debo invocar el nombre de Dios. De ninguna manera. Si mi palabra te "suena" o resulta exactamente como lo predije, puedes concluir por ti mismo si esa palabra era o no de Dios. ¿Captas lo que quiero decir?

Jesús expuso su propia interpretación y aplicación del tercer mandamiento, en la que nos advierte contra el uso del nombre de Dios para hacernos ver bien. Este tipo de "charlatanería" no es aceptable para Dios, por lo que debemos tratar de evitarlo.

INTEGRIDAD PROFÉTICA

Lo más triste de la predicción de los profetas carismáticos sobre la reelección de Trump fue la forma en que afirmaban: "El Señor dice", "Dios me dijo" o "Así dice el Señor". Considera cuánto enloda esto al nombre del Dios Altísimo.

Cuando te digo: "Así dice el Señor", no lo estoy haciendo quedar bien a él; estoy tratando de elevar mi credibilidad ante ti.

¡Escucha! Si el propio Dios realmente predice algo, ¡sucederá! Pero si alguien proclama: "Así dice el Señor" y no ocurre nada, eso entristece a Dios y lo enoja con cualquiera que haga una afirmación como esa.

El año 1956 fue uno de los mejores que he tenido, pero también fue uno de mis peores años. Fue bueno porque la presencia del Señor era muy real para mí. Tuve visiones y palabras claras del Señor, y estaba completamente seguro de que Dios estaba conmigo e incluso sabía que me iba a usar en todo el mundo. Pero fue uno de mis peores años porque perdí la aprobación de mi papá y la de mi abuela, perdí el apoyo de prácticamente todos mis amigos y me vi obligado a irme de casa. Pero lo peor que sucedió durante 1956 fue cuando quebranté el tercer mandamiento. Apelé al nombre del Señor para probar que estaba en lo correcto con mis amigos y parientes, diciendo que Dios mismo me había dicho ciertas cosas. Para ser franco, creía que Dios me había mostrado esas cosas. Pero debí haberme quedado callado al respecto y no haber usado su nombre para parecer espiritualmente maduro ante mi papá.

No hay duda de que Dios me habló íntimamente en esos días, pero no pude mantenerme callado. Mi orgullo me llevó a contarle mis visiones a la gente, sin embargo, eso no estaba haciendo quedar bien a Dios. En nada. Pero hay más. Malinterpreté muchas de esas palabras o visiones (como hice con mi papá cuando traté de convencerlo de lo mucho que Dios estaba conmigo). ¡Ciertamente yo tampoco me hice ver bien!

Es probable que preguntes: ¿Por qué Dios me dio esas palabras sabiendo que abusaría de ellas? No puedo responder eso. Es casi como preguntar: "¿Por qué Dios creó a la humanidad sabiendo que sufriríamos?". Respuesta: no lo sabremos hasta que lleguemos al cielo. En cuanto a por qué Dios me dio algunas visiones que malinterpreté, tampoco lo sé. Quizás me dejó cometer errores, en parte, para enseñarme un poco de humildad. *Al fin* llegué a comprender y apreciar muchas de esas visiones, como en el caso de la aprobación de mi padre, por la que esperé veintidós años. Si hubiera entendido la interpretación de Jesús en cuanto al tercer mandamiento en el Sermón del monte, podría haberme evitado mucho dolor y vergüenza.

Es por eso que estoy firmemente convencido de que tú y yo deberíamos pensar dos veces antes de usar un lenguaje como el que afirma: "El Señor me dijo" o "Así dice el Señor". Muchas personas sinceras hacen eso y no tienen idea de que están quebrantando el tercer mandamiento. Como dije, usan el nombre del Señor no para hacer que Dios se vea bien sino, lamentablemente, solo para exaltarse a sí mismos.

Esta es, entonces, en parte la razón por la que Jesús nos dijo que dejáramos que nuestra conversación fuera simple, y que dijéramos "Sí" o "No", sin jurar en nombre de nadie.

Dios jura por su propio nombre

Ahora regreso al otro punto principal de este capítulo, al examinar Hebreos 6, que dice que aunque no es aconsejable que tú o yo juremos por el nombre de Dios, él sí puede hacerlo. ¡Dios mismo puede hacernos un juramento! En el caso de la promesa que le hizo a Abraham, por ejemplo, "como no tenía a nadie superior por quien jurar, juró por sí mismo" (Hebreos 6:13).

¿Hay algo más asombroso que esto, que Dios nos haga un juramento? Por ejemplo, en Génesis 22, Dios intervino e inesperadamente hizo un juramento a Abraham, que estaba a segundos de sacrificar a Isaac, el hijo de la promesa, según el mandato de Dios. ¡DETENTE!, le dijo Dios: "No pongas tu mano sobre el muchacho, ni le hagas ningún daño. Ahora sé que temes a Dios, porque ni siquiera te has negado a darme a tu único hijo" (Génesis 22:12). Luego le hizo un juramento:

"Como has hecho esto, y no me has negado a tu único hijo,
juro por mí mismo —afirma el Señor— que te bendeciré
en gran manera, y que multiplicaré tu descendencia como
las estrellas del cielo y como la arena del mar" (vv. 16-17)

Ese momento histórico es al que se refirió el escritor de Hebreos: "Cuando Dios hizo su promesa a Abraham, como no tenía a nadie superior por quien jurar, juró por sí mismo, y dijo: 'Te bendeciré en gran manera y multiplicaré tu descendencia'" (Hebreos 6:13-14).

Se podría decir que Abraham en ese momento se graduó al pasar de la seguridad de la fe (griego *hipostasis*) a la *seguridad plena de la fe* (griego *plerophoria*).

Cuando Dios le hace un juramento a alguien, esa persona ha sido bendecida con el más alto nivel de fe del que habla la Biblia, es decir, de este lado del cielo. Sin embargo, Abraham no recibió ese juramento por un buen tiempo: "esperó pacientemente" que Dios cumpliera las promesas que inicialmente le había hecho. Parece que Dios no concede este alto nivel de seguridad muy a menudo.

Si quieres que Dios te haga un juramento, recuerda cómo instó —el escritor de Hebreos— a sus lectores cristianos judíos a perseverar (Hebreos 10:35). De acuerdo a este principio, Abraham esperó pacientemente, y después de años de recibir promesa tras promesa, al fin obtuvo la recompensa definitiva de Dios. El ejemplo de Abraham es, pues, un sobrio recordatorio de que no debemos esperar una madurez instantánea ni al día siguiente de la salvación. ¡Dios podría hacer eso, por supuesto! Pero la regla general, si puedo decirlo de esta manera, es que debemos ser pacientes: perseverar y buscar el rostro de Dios con todo el corazón. Aquellos que hacen eso siempre reciben lo prometido.

Antes de concluir este capítulo, necesito mencionar los dos tipos de juramentos que Dios hace: juramentos de misericordia y juramentos de juicio.

Juramento de misericordia o juicio

Dios puede jurar misericordia, como lo hizo con Abraham (Hebreos 6:13-14). Esto es lo más maravilloso que le puede pasar a un cristiano. La Epístola a los Hebreos fue escrita, en parte, para animar a los cristianos judíos a creer que Dios les haría un juramento de misericordia como lo hizo con Abraham. Esos cristianos hebreos estaban muy desanimados debido a la persecución y otros problemas, pero el escritor los alienta y los exhorta. Habiéndoles advertido de la posibilidad de apostatar y no poder volver a arrepentirse, les asegura "cosas mejores" (v. 9) y luego dice:

> Así que no pierdan la confianza, porque esta será grandemente recompensada. Ustedes necesitan perseverar para que, después de haber cumplido la voluntad de Dios, reciban lo que él ha prometido.
>
> —Hebreos 10:35-36

157

Cuando Dios nos hace un juramento de misericordia, es una suprema afirmación del Altísimo de que comparte "secretos" con nosotros, y de que confía en nosotros.

Sin embargo, lo contrario de ello es cuando Dios hace un juramento en medio de su ira, como lo hizo con el antiguo Israel (Hebreos 3:11). Esto es lo peor que nos puede pasar. Tal situación se describe en Hebreos 6:4-6, refiriéndose a aquellos que habían avanzado mucho en las cosas de Dios pero se habían apartado y no podían ser renovados nuevamente para el arrepentimiento. Esos cristianos habían cruzado los límites, como el antiguo pueblo de Dios que salió de Egipto y se rebeló contra él. Por lo tanto, ya no podían escuchar a Dios hablar, habiéndose vuelto completamente sordos al Espíritu Santo. Explico esta situación en detalle en mi libro titulado *"¿Eres completamente sordo al Espíritu o estás redescubriendo a Dios?"*, publicado en inglés.

Ahora describiré algunos ejemplos más de los juramentos de Dios en el Antiguo Testamento.

Samuel, Elí y Saúl

Es curioso que la primera era oficial de los profetas reconocidos en el Antiguo Testamento, que comenzó con Samuel y su llamado, surgió de un juramento de juicio. Dios estaba enojado con la casa de Elí, por lo que le dijo a Samuel: "Hago este juramento en contra de su familia: ¡Ningún sacrificio ni ofrenda podrá expiar jamás el pecado de la familia de Elí!" (1 Samuel 3:14). Debe haber sido aterrador escuchar a Dios jurar airado. En un corto período de tiempo, los dos hijos de Elí, Ofni y Finees, así como el propio Elí, murieron (1 Samuel 4:11, 18).

En cuanto a Samuel, Dios "no dejó caer a tierra ninguna de sus palabras" (1 Samuel 3:19). Eso significa que todo lo que Samuel profetizó se cumplió: "Todo lo que dice se cumple sin falta" (1 Samuel 9:6).

Samuel recibió otra palabra negativa más adelante en su vida, esta vez para el rey Saúl. Este había pecado al tomar la ley ceremonial a la ligera, ofreciendo un holocausto en contra de la ley de Moisés (1 Samuel 13:9 RVR1960). En consecuencia, Samuel le dijo a Saúl: "Tu reino no será duradero" (v. 14). Como resultado de esa falta de respeto deliberada a la Palabra de Dios, Saúl se convirtió en alguien irrelevante (1 Samuel 16:1), aunque vivió otros veinte años. Saúl finalmente admitió: "Dios se ha apartado de mí y no me responde más", antes de quitarse la vida (1 Samuel 28:15 RVR1960).

Aquí debo darte una advertencia amorosa: una vía rápida para convertirte en alguien irrelevante es ir en contra de la enseñanza de Dios en las Sagradas Escrituras.

Elías y Eliseo

Elías le hizo un juramento a Acab porque Dios le había hecho uno a él: "Tan cierto como que vive el Señor, Dios de Israel, a quien yo sirvo, te juro que no habrá rocío ni lluvia en los próximos años, hasta que yo lo ordene" (1 Reyes 17:1). Todo eso se hizo realidad. Elías también le habló con la misma autoridad a la viuda de Sarepta: "No se agotará la harina de la tinaja ni se acabará el aceite del jarro, hasta el día en que el Señor haga llover sobre la tierra" (v. 14). Y así resultó: "tal como la palabra del Señor lo había anunciado por medio de Elías, no se agotó la harina de la tinaja ni se acabó el aceite del jarro" (v. 16).

Sin embargo, Elías era muy humano, era un individuo como nosotros (Santiago 5:17). Aunque fue valiente como un león ante los profetas de Baal, se convirtió en un lamentable cobarde cuando Jezabel prometió vengarse de él. Ella usó lenguaje de juramento: "¡Que los dioses me castiguen sin piedad si mañana a esta hora no te he quitado la vida como tú se la quitaste a ellos!" (1 Reyes 19:2). No obstante, ¡sus dioses no le respondieron! Por otro lado, Eliseo le pidió a Elías una porción doble de la unción de Elías y la obtuvo (2 Reyes 2:9-12). Parecería que la petición de Eliseo se cumplió comparando el número de milagros. Podrías contar alrededor de siete milagros en el ministerio de Elías, pero el doble en la era de Eliseo. Incluso se dijo que Eliseo podía decir lo que un rey extranjero hablaba en su propia alcoba (2 Reyes 6:12).

El juramento para ti y para mí

¿Significa esto que si recibiste un juramento de Dios al respecto te convertiría en otro Elías o Eliseo? No. No todos los que llegan a la plena seguridad de la fe reciben el don de profecía, y mucho menos un don como el que tenían los profetas del Antiguo Testamento. Nunca olvides que los Elías y los Natán de este mundo eran raros en ese entonces, y seguramente siempre lo serán. Pero para cualquiera que proceda a profetizar sin tener el mismo tipo de relación con Dios como la que tuvieron esos hombres, lo único que tienen garantizado es una abrumadora desilusión, si acaso no terminan en desastres.

Ruego a Dios que me equivoque, pero me temo que muchos de los profetas de hoy que usan el lenguaje que afirma: "Así dice el Señor", se parecen demasiado a los Hananías de este mundo, diciéndole a la gente lo que esperan que sea verdad. Algunos de esos profetas no diferencian entre su deseo personal y el juicio infalible de Dios.

Creo que Hebreos 6:13-20 es una *promesa* de que Dios puede hacernos juramentos a ti y a mí, como lo hizo con Abraham. Esta es una promesa a la que vale la pena aferrarse, una experiencia que vale la pena esperar. Después que Abraham soportó con paciencia, "alcanzó la promesa", es decir, la promesa del juramento (v. 15). Para Abraham, eso implicó experimentar el juramento de Dios directa e inmediatamente. Por dicha, esta experiencia también es para nosotros.

Si crees que tienes un llamado profético de alto nivel, te insto a que busques el rostro de Dios para que él pueda hacerte un juramento antes de darte una palabra profética. Luego omite el nombre de Dios en tus profecías. Nunca te arrepentirás si lo omites. Si la profecía se cumple, que otros digan: "Ese fue el Señor". Si no se cumple, al menos no habrás dicho: "El Señor me lo dijo".

Después que termines de leer este capítulo, recuerda que uno de los propósitos de la Carta a los Hebreos es que tú y yo podamos experimentar lo mismo que Abraham: que Dios nos haga un juramento de misericordia. Lo que experimentaron los profetas del Antiguo Testamento, como Elías, fue la seguridad a nivel de juramento.

¿Cómo sabes si has recibido el juramento? Puedo responder lo siguiente: lo sabrás. Esto es lo que se esconde detrás de las palabras de Jesús: "Por tanto, os digo que todo lo que pidiereis orando, creed que lo recibiréis, y os vendrá" (Marcos 11:24 RVR1960). Esto también es lo que quiso decir el apóstol Juan al explicar que podemos saber cuándo hemos orado según la voluntad de Dios y, por lo tanto, recibir respuestas a nuestras oraciones (1 Juan 5:14-15). Esto es seguridad a nivel de juramento.

INTEGRIDAD PROFÉTICA

Si queremos una relación cercana con Dios, necesitamos buscar su rostro para tener plena seguridad de lo que creemos, cómo oramos y lo que profetizamos. Esto nos ahorrará mucha vergüenza, porque Dios nos honrará. Y entonces le daremos honra y gloria a él.

Capítulo 9

¿ESTÁ DIOS JUZGANDO A LA IGLESIA HOY?

"En verdad, nada hace el Señor omnipotente sin antes revelar sus designios a sus siervos los profetas".

—Amós 3:7 RVR1960

"Vienen días —afirma el Señor omnipotente—,
*   en que enviaré hambre al país;*
no será hambre de pan ni sed de agua,
*   sino hambre de oír las palabras del Señor.*
La gente vagará sin rumbo de mar a mar;
*   andarán errantes del norte al este,*
buscando la palabra del Señor,
*   pero no la encontrarán".*

—Amós 8:11-12 RVR1960

INTEGRIDAD PROFÉTICA

"Así que ahora el Señor ha puesto un espíritu mentiroso en la boca de todos esos profetas de Su Majestad. El Señor ha decretado para usted la calamidad".

—1 Reyes 22:23 RVR1960

Mi mayor temor es que el Señor me quite la mano de encima.

—Billy Graham (1918-2018)

Creo francamente que algunos en el ala profética del movimiento carismático están bajo el juicio de Dios. Pienso que Dios envió un espíritu de mentira a los profetas que predijeron que Donald Trump ejercería dos mandatos consecutivos en la Casa Blanca. ¿De dónde saqué esta idea? ¿Podría haber venido de Dios? Tal vez, dime tú. Pero quiero que consideres esta posibilidad como una explicación razonable de por qué prácticamente todos estos profetas llevaron a tantos cristianos sinceros a creer que Donald Trump sería presidente por otros cuatro años.

Yo no soy profeta. Soy maestro de Biblia, aunque mi amigo Michael Eaton solía llamarme "predicador de santidad". No soy tan arrogante como para pensar que tengo la última palabra y nunca afirmaría que Dios escribe mis libros o prepara mis sermones. Todos mis libros, incluido este, se editan porque es importante recibir aportes de otros. Mi viejo amigo de Londres, Lyndon Bowring, repasó muchos sermones conmigo antes de predicarlos. ¡Incluso después de que exponía los sermones, él los criticaba amorosamente! Además, el Dr. Martyn Lloyd-Jones revisó prácticamente todo lo que prediqué durante mis primeros cuatro años en la Capilla de Westminster. Doy estos ejemplos para probar que no estoy por encima de las críticas. Y las personas que hacen predicciones audaces en el nombre de Dios también deben tratar de recibir críticas sanas de los demás.

He estado a punto de hacer declaraciones proféticas al menos tres veces. Ya les he hablado de la primera vez, cuando en 1992 llamé al movimiento carismático Ismael y mencioné que Isaac, el próximo gran despertar, vendría. Considero que mi segunda declaración profética es cuando dije que Estados Unidos está bajo el juicio de Dios en mi libro anterior, *Nunca antes pasamos por este camino*. Y, por último, este volumen, *Integridad profética*, luce muy similar a estos otros dos ejemplos.

Algo por lo que iría a la hoguera

Iría a la hoguera por decir que el teísmo abierto es la enseñanza más peligrosa que jamás haya entrado en la iglesia. También estoy convencido de que es particularmente traicionero para el movimiento carismático. El movimiento profético ha estado combinando las enseñanzas del teísmo abierto con el evangelio de la prosperidad. Los profetas se ven a sí mismos como instrumentos para hacer que las cosas sucedan, por lo que proclaman y decretan esto o aquello en el nombre del Señor.

El teísmo abierto, que definiré completamente más adelante, ha sido defendido por liberales que intentan socavar la Biblia. Por eso lo llamo liberalismo teológico. Esta enseñanza ha destruido la fe de innumerables evangélicos. Por ejemplo, mi profesor Dale Moody (1915-1992), con quien estudié en el Seminario Bautista del Sur de 1970 a 1972, una vez declaró públicamente: "Pasé del fundamentalismo (creencia en la infalibilidad de la Biblia) a Karl Barth (1886-1968), que era universalista; de Barth a Paul Tillich (1886-1965), que llamaba a Dios 'la base de todo ser', y de Tillich a la teología del proceso, y ahora no sé dónde estoy".

El teísmo abierto ahora ha salido de la academia y se ha infiltrado en muchas iglesias; un destacado maestro del Seminario Teológico Fuller lo introdujo en el movimiento carismático hace varios años. Muchas personas que abrazan el teísmo abierto no han escuchado el término, ni se dan cuenta de que han sido controlados en gran medida por él. Esta teología aberrante es mortal. Es veneno puro. Es un cáncer. Tarde o temprano dejará en ridículo a aquellos que no lo perciban ni lo rechacen.

Permíteme un momento para hablarte de corazón sobre este asunto. Nunca en mi vida me había sentido tan impotente, inquieto y torpe —aunque seguro— con lo que escribo como en este capítulo. Este es el problema: aunque no mencionaré nombres ni lugares, me referiré a la *teología* de algunos líderes cristianos muy admirados, algunos de los cuales se cuentan entre mis amigos más cercanos. Varios de ellos han respaldado mis libros y yo algunos de los suyos. No solo eso, creo que aman al Señor tanto como yo, tal vez más.

En diferentes ocasiones a lo largo de los años, algunas personas no concordaban en algo conmigo y agregaban: "No hay nada personal en esto, R. T., te amo mucho". Yo les creí. Mi propio padre ocupa la parte superior de una lista de esas personas. Espero mostrarte a ti, lector, pero también a *ellos*, que este capítulo es exactamente el mismo escenario: no hay nada en contra de persona alguna en lo que digo.

Jesús le dijo a su amigo cercano Simón Pedro en una ocasión: "¡Apártate de mí, Satanás!". Eso no significaba que Pedro estuviera poseído por un demonio o que estuviera permanentemente atrapado en un engaño tras otro o en algún error insostenible. Lo que significaba era que Pedro fue, en ese momento, un "estorbo" para Jesús, enfocándose temporalmente no en "las cosas de Dios, sino en las cosas de los hombres" (Mateo 16:23). Opto por creer que esta es la explicación con respecto a aquellos que defienden algunas de las enseñanzas que mencionaré en breve. No quiero que trates de averiguar quién dijo esto o aquello o quién tiene esta o aquella forma de pensar. De hecho, oro para que nunca sepas quién enseñó esto o aquello. Mi esperanza es más bien que reconozcas y rechaces estas falsas enseñanzas. Eso es lo que importa, no quién enseñó esto o lo otro, sino qué necesita ser detectado y destruido.

Dos deficiencias peligrosas

En mi observación, los carismáticos por lo general padecen de dos deficiencias. Primero, muchos no tienen una *teología del sufrimiento*. Ignoran por completo numerosas Escrituras claras en el Nuevo Testamento. Por ejemplo, Jesús dijo que sufriríamos: "En este mundo afrontarán aflicciones, pero ¡anímense! Yo he vencido al mundo" (Juan 16:33). También le dijo a la iglesia de Esmirna: "No temas lo que vas a sufrir" (Apocalipsis 2:10). Pedro y Juan se regocijaron porque fueron "considerados dignos de sufrir deshonra por causa del nombre" (Hechos 5:41). Pablo consideró que "los sufrimientos de este tiempo presente no son comparables con la gloria que nos ha de ser revelada" (Romanos 8:18). Finalmente, Pablo también señaló que se ha "concedido" que no solo creamos en el Señor "sino que también suframos por su causa" (Filipenses 1:29).

Segundo, muchos carismáticos carecen de cualquier teología de juicio divino sobre los cristianos; es decir, no enseñan que Dios puede intervenir para juzgar a la iglesia y a su pueblo. Sin embargo, Jesús una vez le dijo a la iglesia de Éfeso que "Si no te arrepientes", él mismo "iría y quitaría de su lugar su candelabro" (ver Apocalipsis 2:5). Además, la iglesia primitiva se aferró fundamentalmente a la doctrina del castigo o la disciplina. "El Señor disciplina a los que ama y azota a todo el que recibe como hijo" (Hebreos 12:6). Castigar, de hecho, es esencialmente juicio de Dios sobre nosotros. Por lo tanto, les preguntaría a los que dicen: "Si el apóstol Pablo tuviera mi fe, no tendría su aguijón en la carne", lo siguiente: ¿Dios no castiga a su pueblo hoy? De hecho, el castigo y el juicio divino se usan indistintamente (ver 1 Corintios 11:32).

Jesucristo es el mismo ayer, hoy y por los siglos (Hebreos 13:8). Si pudiéramos verlo, se vería igual (el mismo rostro, las mismas huellas, las mismas uñas en las manos); amando a los mismos individuos (somos amados con un amor eterno); disciplinando de la misma manera (para demostrar que somos verdaderos hijos y no bastardos); y advirtiendo al mismo pueblo (porque no nos ha abandonado). Cuando leo lo que dice el profeta Amós, "Porque el Señor Dios no hace nada sin revelar su secreto a sus siervos los profetas" (Amós 3:7), pregunto: ¿Sigue siendo eso cierto? ¿O estamos en la era de la que habló Amós, viviendo con "hambre de oír las palabras del Señor" (Amós 8:11)? Eso significa que Dios no dice nada. El hambre de oír la palabra del Señor solo ha de venir por una razón: como señal del juicio *silencioso* de Dios.

En mi libro, *Nunca antes pasamos por este camino*, escribí sobre cinco tipos de juicio: retributivo, misericordioso, redentor, natural y silencioso. En este capítulo, hablo más sobre ese juicio silencioso de Dios. Este es el peor tipo de juicio, da mucho miedo. Cuando Dios está así de enojado, no hace nada ni dice nada, pero de repente revela su ira sin previo aviso. Dios no es como tú ni como yo; tendemos a mostrar nuestra ira fácil y rápidamente. Pero cuanto más enojado está Dios, más tiempo espera para mostrarlo. Por ejemplo, Dios repentinamente hizo llover fuego y azufre sobre

Sodoma y Gomorra, sin previo aviso, después de esperar mucho tiempo para que se arrepintieran (Génesis 19). Hay dos formas en que Amós desarrolla la idea del juicio silencioso. En primer lugar, Dios muestra su amor y su atención cuando advierte a sus profetas de antemano. En segunda instancia, cuando hay hambre de oír la palabra del Señor, no sabemos lo que está pensando; solo podemos suplicarle misericordia.

De hecho, parece muy siniestro que el COVID-19 sorprendió no solo al mundo sino a la iglesia. El mensaje más antiguo del Nuevo Testamento fue el de Juan el Bautista, que dijo a sus oyentes fariseos y saduceos: "¿Quién les dijo que podrán escapar del castigo que se acerca?" (Mateo 3:7). ¿Alguien les avisó? ¿O no hubo ninguna advertencia hasta que Juan dijo eso?

Hoy en día, hay dos tipos de profetas que advierten a la gente. El primer tipo son aquellos que no reciben el nombre de "profetas", pero cuya comprensión de las Sagradas Escrituras los lleva a advertir a las personas con autoridad. Hablan con tanta potestad como si escucharan directamente a Dios, y creo que algunos de ellos son cesacionistas. Les advierto que no descarten a esas personas solo porque puedan ser cesacionistas, ya que sus palabras todavía proclaman la verdad. No soy cesacionista, así que me gustaría creer que este libro en general, y este capítulo en particular, es un poco profético. ¡No pretendo que el Señor me haya dicho qué escribir en este libro! Pero iría a la hoguera por lo que afirmo aquí.

El segundo tipo de profetas está compuesto por aquellos cuyos dones reveladores tienen el sello y la aprobación del Dios altísimo, el Dios de la Biblia. Espero que ministren entre nosotros. Ya dije, en el capítulo 7, que no descarto la posibilidad de que hoy existan profetas no canónicos como Natán o Eliseo. Es casi seguro que hay gente alrededor que afirmaría esto.

Aquí va mi pregunta: ¿Por qué algunos de este segundo tipo de personas proféticas podrían llamar por nombre y dirección a hombres y mujeres en grandes audiencias, pero no advertir que se avecinaba una pandemia? ¿En qué medida tiene algún valor para el mundo y para la iglesia de Dios, el hecho de que esos profetas puedan revelar el nombre y la fecha de nacimiento de una persona pero son incapaces de prever el surgimiento de una pandemia mundial, los brotes de violencia, la destrucción de barrios por incendios, la desunión , el racismo mostrado por la horrible muerte de George Floyd (1973-2020), o el violento ataque al edificio del Capitolio de los Estados Unidos por parte de quienes disputan las elecciones presidenciales?

Dios sabía que todos esos acontecimientos trágicos vendrían. ¿Le dijo Dios algo de eso a esos profetas? ¿Por qué no nos dijeron?

¿Está Estados Unidos bajo juicio?

En verdad, tengo miedo de que Dios esté enojado con nosotros. Me temo que este momento es similar (en cierto modo) a aquel cuando Dios derramó su ira sobre Sodoma y Gomorra. Sin embargo, en vez de fuego y azufre, nos ha afectado el COVID-19 y el miedo generalizado. ¿Miedo? ¿Realmente Dios infundiría el miedo? Sí. Por ejemplo, Dios advirtió a Israel que si no se volvían a él, les infligiría un "corazón tembloroso" y un "alma que languidecería". "Noche y día vivirás en constante zozobra, lleno de *terror* y nunca seguro de tu vida. Debido a las visiones que tendrás y al *terror que se apoderará de ti*, dirás en la mañana: '¡Si tan solo fuera de noche!', y en la noche: '¡Si tan solo fuera de día!'" (Deuteronomio 28:65-67, énfasis mío). Dios es un Dios celoso.

Mi temor es que Dios esté airado con Estados Unidos porque no ha mantenido su decisión inicial de honrarlo. Los primeros puritanos eran hombres y mujeres cuya sólida creencia en la Biblia les dio valor para mudarse a Estados Unidos. Boston fue fundada por el líder puritano John Winthrop (1588-1649). Connecticut fue fundada por el ministro puritano Thomas Hooker (1586-1647). La Universidad de Harvard (fundada en 1636) y la Universidad de Yale (fundada en 1701) fueron establecidas por personas regidas por el temor de Dios. Hay una diferencia entre Israel y Estados Unidos: Dios eligió a Israel, pero Estados Unidos eligió a Dios. La elección de Estados Unidos de ser una nación bajo Dios se muestra en la Declaración de Independencia, la Constitución, las referencias a Dios en nuestro dinero, el feriado del Día de Acción de Gracias, las referencias históricas a los Diez Mandamientos en relación con la Corte Suprema, el hecho de que el Congreso comienza todos los días con oración y la referencia explícita a Dios en nuestros himnos patrióticos, ¡para empezar!

El hecho de que elijamos a Dios no significa que seamos una teocracia, no, en absoluto. Pero tomamos a Dios en serio. Después de todo, "Dichosa la nación cuyo Dios es el Señor" (Salmos 33:12). "La justicia enaltece a una nación, pero el pecado deshonra a todos los pueblos" (Proverbios 14:34). Aunque nunca hemos sido una teocracia, Estados Unidos heredó muchos de los beneficios adicionales que describieron a Israel cuando pusieron a Dios en primer lugar. Cualquiera de esas naciones prosperaría y sería "cabeza y no cola" (Deuteronomio 28:13). Nuestra nación ganó guerras continuamente y se expandió durante mucho tiempo. Sin embargo, alrededor de la época de la Guerra de Vietnam (1955-1975) empezamos a perder la confianza y comenzamos a experimentar crisis y reveses. Se podría decir que dejamos de ganar.

Determinar con precisión dónde y cuándo comenzamos a desviarnos no es mi especialidad. Pero estoy seguro de que en algún momento, efectivamente, le dijimos a Dios: "Ya no te queremos". Y Dios escuchó eso. Como afirmo en mi libro *Nunca antes pasamos por este camino*, Estados Unidos está bajo juicio no solo por pecados sociales como el racismo y la inmoralidad, sino especialmente por el liberalismo teológico imperante en nuestros púlpitos.

El liberalismo teológico solía referirse solo a aquellos que negaban la inspiración de la Biblia, la deidad de Jesucristo, el nacimiento virginal, la resurrección de Jesús de entre los muertos, la necesidad de ser salvo, la segunda venida y el juicio final. Esas personas e ideas permanecían, en su mayor parte, en las universidades y los seminarios. Pero ahora ha surgido un nuevo tipo de liberalismo entre evangélicos y carismáticos por igual. La ironía es que puedes aferrarte a muchas enseñanzas bíblicas y sentir que eso es suficiente para que tengas una "sana" doctrina. Pero este nuevo liberalismo es una mezcla; es una mezcla de vino viejo y vino nuevo. El vino añejo es el cristianismo histórico. El vino nuevo son enseñanzas que solían considerarse pura herejía.

Teísmo abierto

El nuevo liberalismo al que me refiero está sustentado por un teísmo abierto. Ten paciencia conmigo si crees que esto es muy profundo para ti; seré franco. La premisa del teísmo abierto es que el conocimiento que Dios tiene del futuro no está predeterminado y, por lo tanto, necesita nuestro *aporte*. Dios no puede hacer nada sin nosotros. Este punto de vista sostiene que hay muchos futuros y Dios no sabe qué futuro es el que sucederá. El teísmo abierto reduce así a Dios a un planificador de contingencias porque conoce todas las posibilidades pero no sabe qué camino elegirá su creación, es decir, nosotros, tú y yo. Esta enseñanza es un derivado de la teología del proceso, que no es otra cosa que panteísmo: el concepto de que todo es Dios. Algunos teístas abiertos querrían ser desvinculados del panteísmo, por lo que le dan otro nombre a su posición: panenteísmo, lo que significa que todo está en Dios.

Sin embargo, el teísmo abierto es realmente una teología de proceso vestida de evangélica. Muchos que sostienen estos puntos de vista todavía creen en el nacimiento virginal y la resurrección de Jesús, e incluso afirman la Segunda Venida de Jesús. No puedo decir cómo predicarían sobre el peligro de perder el cielo cuando morimos o cómo sostienen que las personas podrían pasar la eternidad conscientemente en el infierno. Muchos de ellos son incluso universalistas. Sin embargo, reclaman apoyo bíblico para sus enseñanzas.

Como mencioné anteriormente en este capítulo, sospecho que la mayoría de los laicos que son teístas abiertos nunca han escuchado el nombre de su posición teológica, ni podrían definir sus creencias. A continuación expondré una lista de veinte proposiciones del teísmo abierto. Estas enseñanzas son generadas por premisas teístas abiertas o simplemente son coherentes con ellas (aunque sea por accidente). Acudo a ti, querido lector —de rodillas— para preguntarte si tu propia fe se identifica con alguna de las siguientes proposiciones. Si es así, te advierto con amor que te has apartado, aunque sin saberlo, casi con certeza de las Sagradas Escrituras tal como se han interpretado generalmente durante dos mil años. Para repetir la analogía del vino que acabo de hacer, algunos de los que defienden estas perspectivas inquietantes llamarían a lo que enseño "vino añejo". Podrían decir que las enseñanzas que criticaré son "vino nuevo", que no debe verterse en odres viejos para que no se rompan!

La historia se está repitiendo. Después de todo, el mayor peligro para la iglesia primitiva no era la persecución, sino la introducción sigilosa de falsas enseñanzas.

Está escrito, "Jesucristo es el mismo ayer y hoy y por los siglos" (Hebreos 13:8). Esta declaración contradice dos cosas: (1) refuta al cesacionismo, como he dicho antes, y (2) niega al teísmo abierto, la visión de que Dios desconoce el futuro. Hebreos 13:8 se ubica deliberadamente entre Hebreos 13:7 y Hebreos 13:9 para asegurar que *la* fe siga siendo la misma. Necesitamos defender "la" fe dada una vez por todas a los santos (Judas 3). No es "una" fe sino "la fe" (Colosenses 2:7). Esta fe es eterna e inmutable. De hecho, es una revelación proposicional, lo que significa que la fe cristiana se basa en verdades eternas que se pueden explicar en proposiciones. Por ejemplo, Jesús nació de una virgen; Dios es un Dios celoso; Dios es soberano, omnisciente (lo sabe todo) y omnipotente (todopoderoso); la sangre de Jesús satisface la justicia de Dios; y la justificación solo por la fe es lo que nos salva. Sin embargo, la revelación proposicional es rechazada por los liberales y, lo que es más importante para este libro, por los teístas abiertos carismáticos.

Veinte proposiciones erróneas y mi respuesta

Siguen veinte proposiciones en *cursiva*, que espero que rechaces de inmediato. Estas proposiciones son ejemplos de lo que muchos, por desdicha, enseñan hoy. No puedo decir que todos los teístas abiertos respalden cada una de estas proposiciones, pero con esta lista espero mostrarte cómo identificar lo que es falso y defender la verdad acerca de Dios. Después de cada proposición errónea, muestro exactamente por qué, en mi opinión más sincera, es incorrecta.

1. *Si tu propósito al orar no es cambiar la voluntad de Dios, estás perdiendo tu tiempo.*

   Mi respuesta: Esta perspectiva sugiere que el propósito de la oración es manipular a Dios para conseguir nuestros propósitos en vez de conocerlo. La verdad es que el tiempo en oración nunca es tiempo perdido. Llegas a conocer las formas de *alguien* cuando pasas tiempo con esa persona. Es lo mismo con Dios: a él le encanta tu compañía. El tiempo con Dios aumenta tu sentido de su presencia. "Reconócelo en todos tus caminos, y él enderezará tus veredas" (Proverbios 3:6 RVR1960).

2. *Dios tiene autoridad sobre todas las cosas, pero no necesariamente controla cada detalle. Nos dejó el control a nosotros.*

   Mi respuesta: Esto nos hace más importantes que Dios. Al contrario, Jesús está a la diestra de Dios sosteniendo el universo con su poder (Hebreos 1:3). ¡Ay de nosotros si tenemos el control! Por tanto, agradece a Dios que Jesús tiene el control absoluto.

3. *Dios no trata al mundo con la idea de imponerle su voluntad.*

   Mi respuesta: Fue por la voluntad de Dios que fuimos creados a su imagen, hombre y mujer (Génesis 1:27). También le dio órdenes específicas a Adán desde el principio. Además, "Por su propia voluntad nos hizo nacer mediante la palabra de verdad, para que fuéramos como los primeros y mejores frutos de su creación" (Santiago 1:18).

4. *Como un buen padre terrenal, nuestro Padre celestial nunca usaría las dificultades y las persecuciones para atraer a sus hijos.*

   Mi respuesta: Al contrario, "el Señor disciplina a los que ama, y azota a todo el que recibe como hijo" (Hebreos 12:6). La palabra griega para "azota" se refiere al castigo específicamente con azotes. Dios, por tanto, hace lo que sea necesario para llevarnos a la sumisión cuando nos descarrilamos.

5. *Nada sucede sin que antes se declare. A menos que diga o afirme que esto o aquello sucederá, nunca sucederá nada.*

   Mi respuesta: Dios responde a la oración más allá de "todo lo que podamos imaginarnos o pedir, por el poder que obra eficazmente en nosotros" (Efesios 3:20). Dios escucha la oración que es conforme a su voluntad (1 Juan 5:14); por lo tanto, lo que podamos declarar o pedir debe estar bajo su dirección. ¿Acaso no nos asombra la manera en que Dios también nos da cosas que no pedimos?

6. *Se nos ha encomendado la tarea de transformar el mundo. Esta labor es factible y puede culminarse antes de que Jesús regrese.*

   Mi respuesta: Nuestro trabajo es dar a conocer el evangelio a cada persona (Mateo 28:19; Marcos 16:15). Si el mundo fue transformado antes de que Jesús viniera, ¿por qué está escrito que Jesús va a "someter a juicio a todos ... para reprender a todos los pecadores impíos por todas las malas obras que han cometido", mostrando de manera diáfana que habrá personas impías (Judas 14-15)? En efecto, Jesús vendrá con sus poderosos ángeles "en llama de fuego, para dar retribución a los que no conocieron a Dios, ni obedecen al evangelio de nuestro Señor Jesucristo" (2 Tesalonicenses 1:8 RVR1960).

7. *Dios quiere que todos sean sanados; si no eres sano, es por tu falta de fe.*

Mi respuesta: Esta enseñanza ha llevado a mucha gente sincera a la desesperación, culpándose a sí mismas por su enfermedad persistente o por la muerte de alguno de sus seres queridos. Sin embargo, Jesús nunca, jamás, reprendió a una persona por no ser sanada. El hecho de que unos sean sanados y otros tiene que ver con el misterio de la soberanía de Dios (Éxodo 33:19). Nadie tiene una fe perfecta, y no todos hacen la oración de fe como en Santiago 5:15. Además, todos —al fin y al cabo— moriremos.

8. *Cualquier cosa negativa es de Satanás; Dios nunca causaría una calamidad ni una pandemia.*

Mi respuesta: La gente cree en esta declaración no porque valoren las Escrituras, sino solo porque quieren creer esto y optan por esperar que sea verdad. Sin embargo, esta afirmación carece por completo de fundamento bíblico, ya que está escrito que Dios dice: "Yo hago la paz y creo la adversidad. Yo Jehová soy el que hago todo esto" (Isaías 45:7 RVR1960) y también afirma que "Convertiré en luto sus fiestas" (Amós 8:10). Incluso el propio Jesús le dice a la iglesia de Tiatira lo que va a hacer con una falsa profetisa: "la voy a postrar en un lecho de dolor, y a los que

cometen adulterio con ella los haré sufrir terriblemente"
(Apocalipsis 2:22).

9. *No debemos honrar a los mártires de la forma en que
a menudo se les ha honrado. La iglesia primitiva tenía
buenas intenciones, pero ahora entendemos que el martirio
indica que la iglesia ha fallado en su tarea de orar. Esteban
nunca debió haber sido apedreado (Hechos 7:59-60).*

Mi respuesta: El propio Dios honra a los mártires. "vi
debajo del altar las almas de los que habían sufrido el martirio por causa de la palabra de Dios y por mantenerse fieles
en su testimonio ... cada uno de ellos recibió ropas blancas"
(Apocalipsis 6:9, 11). A los que fueron "decapitados" por el
testimonio de Jesús se les otorgó un reconocimiento especial
(Apocalipsis 20:4). Esteban, en efecto, fue recompensado al
ver a Jesús "de pie" a la diestra de Dios durante su martirio
(Hechos 7:56). Algunos escaparon "del filo de la espada",
pero otros fueron "apedreados" o "aserrados por la mitad"
(Hebreos 11:34, 37). Sin embargo, todos ellos "obtuvieron
un testimonio favorable" por su fe (v. 39).

10. *La muerte de Ananías y Safira fue un abuso de autoridad
apostólica.*

Mi respuesta: Esta noción blasfema acusa a Pedro de
manipular al Espíritu Santo para matar a Ananías y Safira a
causa del engaño que los dos perpetraron, como si un apóstol pudiera obligar a Dios a hacer eso. Sin embargo, Dios lo
hizo, y puede volver a hacerlo si entramos en una situación
de verdadero avivamiento como la que experimentó la iglesia primitiva. En consecuencia, "un gran temor se apoderó
de toda la iglesia y de todos los que se enteraron de estos

sucesos", y eso generó tanto respeto que ningún extraño "se atrevía a unirse" a los creyentes (ver Hechos 5:7-11, 13).

11. *Dios cambia sus planes todos los días, dependiendo de cómo oramos el día anterior.*

Mi respuesta: Esta es una forma típica de pensar de un teísta abierto. La implicación es que Dios no tiene voluntad propia; más bien, busca nuestra opinión para saber qué hacer a continuación. Esta es la conclusión lógica que uno hace si sabe que Dios no conoce el futuro. La Biblia dice, sin embargo, que Dios sí sabe lo que sucederá: "Mi propósito se cumplirá, y haré todo lo que deseo" (Isaías 46:10). Es más, Dios hace todas las cosas "según el designio de su voluntad" (Efesios 1:11).

12. *¿Cuál es la voluntad de Dios? Que sea en la tierra como en el cielo: si no hay enfermedad allí, no debería existir aquí.*

Mi respuesta: Durante siglos, los cristianos creyeron que la petición que aparece en el Padre Nuestro —"Hágase tu voluntad, así en la tierra como en el cielo" (Mateo 6:10)—, significaba que así como no hay rebelión en el cielo, nosotros también nos sometemos a lo que sea la voluntad de Dios para nosotros. Pero dada la lógica de lo que propone el teísmo abierto, también se podría decir: "No hay muerte en el cielo; por lo tanto, no debemos morir", lo cual no es cierto.

13. *La Biblia solo es una guía aproximada. Necesitamos ir más allá de los límites establecidos para encontrar nuevas formas de experimentar el poder sobrenatural de Dios.*

Mi respuesta: Esta declaración es un claro indicio de que alguien que expresa tales ideas está decidiendo —en forma arbitraria— no guiarse completamente por las Escrituras. Esto es lo más peligroso de todo. Los antiguos gnósticos pensaban así: "Podemos mejorar al cristianismo". Sin embargo, cuando alguien se aparta de las Escrituras para encontrar nuevas formas de experimentar lo sobrenatural, se hace vulnerable al poder de Satanás, que es un ángel de luz (2 Corintios 11:14).

14. *No podemos quedarnos estancados en las verdades antiguas. Necesitamos una nueva verdad.*

    Mi respuesta: Si es una verdad "nueva", no es verdad. Esto significaría que la Biblia no es lo suficientemente buena. Como ya vimos, la consecuencia de que Jesucristo sea el mismo ayer, hoy y por los siglos es que la doctrina verdadera no cambia (Hebreos 13:7-9). "Porque yo, el Señor, no cambio" (Malaquías 3:6). La Palabra de Dios es "para siempre" y está "establecida firmemente en los cielos" (Salmos 119:89). Es probable que obtengamos nuevos conocimientos en cuanto a la verdad, pero la verdad de Dios no cambia.

15. *Si el apóstol Pablo hubiera tenido la fe que debía haber tenido, no habría sufrido el aguijón en su carne. Un aguijón en la carne nunca podría venir de Dios.*

    Mi respuesta: No sabemos cuál era el "aguijón" de Pablo, como digo en mi libro *El aguijón en la carne.* Pero fue una molestia dolorosa. Pablo necesitaba ese aguijón para evitar que se enorgulleciera o fuera admirado en exceso. Él oró tres veces para que Dios se lo quitara (2 Corintios 12:8), pero Dios respondió: "Mi poder se perfecciona en la debilidad" (v. 9). ¡Yo también recibiré la respuesta de Dios! La verdad es que, si somos sinceros, tenemos cosas en nuestras vidas que son dolorosas pero que no se irán. ¿O hay alguien entre nosotros que no luche con un problema de ego, por ejemplo?

16. *Las profecías de la Biblia son condicionales y podemos cambiarlas.*

   Mi respuesta: *Algunas* profecías son condicionales (por ejemplo, 2 Crónicas 7:14; Juan 3:16). Pero no muchas de ellas lo son. Otro ejemplo lo constituyen las profecías sobre el Mesías, que no eran condicionales. Jesús vino "cuando se cumplió el plazo" (Gálatas 4:4), lo que demuestra que Dios decidió exactamente cuándo se haría carne la Palabra eterna. Cuando Dios decida el momento en que su Hijo regrese, vendrá; estemos listos o no (Mateo 24:45-51).

17. *Jesús regresa por una novia gloriosa, que haya cumplido su mandato de ir a toda la tierra y discipule a las naciones, hasta que el mundo se parezca al cielo.*

   Mi respuesta: El mundo nunca se verá como el cielo a menos que Dios, por su poder, haga que eso suceda. La tierra gime en dolores de parto esperando el día en que el propio Dios la transforme (Romanos 8:22). Un gran despertar puede preceder a la segunda venida, pero no todos se salvarán. Todavía hay algunas cosas que esperan la glorificación (Romanos 8:30), cuando "todos seremos transformados" (1 Corintios 15:51). Ha sido una verdad inmutable desde el principio que no todos se salvarán; aquellos que encuentren lo que se ofrece son "pocos" (Mateo 7:14).

18. *Ignora el libro de Job; Dios no quiere que ninguno de nosotros pase por lo que pasó Job.*

   Mi respuesta: ¿Quién puede decir lo que Dios puede elegir para algunos de nosotros? Dios, no Satanás, es el que instigó la larga prueba por la que pasó Job (Job 1:8). Este libro ha sido un tesoro invaluable durante siglos para aquellos que han soportado grandes dolores de cabeza, reveses financieros y sufrimiento físico. Y, lo mejor de todo, Job aprendió lo que todos necesitamos aprender: "Yo sé bien que tú lo puedes todo, que no es posible frustrar ninguno de tus planes" (Job 42:2).

19. *Nuestro mundo no se está deteriorando; al contrario, está avanzando. Las cosas están mejorando. El mundo tarde o temprano se parecerá al cielo, aun antes de que Jesús regrese.*

   Mi respuesta: ¿De dónde obtuvo alguien información como esa? La Biblia dice que la gente irá de "mal en peor" (2 Timoteo 3:13), pero lo cierto es que ¡esto se está enseñando! La idea de que "las cosas están mejorando" era la opinión del antiguo postmilenarismo de hace cien años, que murió con la llegada de la Primera Guerra Mundial. E incluso más recientemente, millones de personas han muerto a causa de la pandemia de COVID-19. No puedo imaginar cómo puede decir la gente que las cosas están mejorando.

20. *El propósito de la oración no es aceptar la voluntad de Dios, sino cambiarla.*

   Mi respuesta: Si alguien hubiera podido cambiar la voluntad de Dios, habría sido Jesús. Por eso preguntó si había alguna forma de evitar la copa que estaba destinado a beber (Lucas 22:42). Jesús es, por lo tanto, nuestro ejemplo. En efecto, cualquier hijo de Dios podría pedirle a él que nos permita evitar el sufrimiento. Jesús lo hizo. Pablo lo hizo. Yo lo he hecho muchas veces. Pero la verdadera forma de mostrar devoción es enaltecer las pruebas que Dios nos pone. Debemos tener por sumo gozo cuando sucedan estas pruebas y no quejarnos (ver Santiago 1:2).

A primera vista, puedes considerar algunas de estas proposiciones algo extrañas o reprobables. Pero una vez que aceptes *incluso una* de ellas, solo es cuestión de tiempo antes de que las consideres más y más atractivas. Creo que las veinte declaraciones que acabo de esbozar son el cumplimiento de las advertencias de Jesús en cuanto a que habría falsos profetas en los últimos días que intentarían "engañar, de ser posible, aun a los elegidos" (Mateo 24:24).

No estoy diciendo que si una persona cree cualquiera de estas proposiciones no sea salva. Tampoco digo que si alguien cree en todas ellas, sea un profeta irrevocablemente falso. Prefiero creer que las personas que enseñan estas cosas han sido sorprendidas temporalmente en una falta teológica y que nuestro deber cristiano es tratar de restaurarlas con un espíritu de mansedumbre, a la vez que nos guardamos con esmero para no ceder también —aunque sea un tiempo— a una enseñanza a la que luego deberíamos renunciar (Gálatas 6:1).

Y, no obstante, para ser totalmente franco, hago constar que no me gustaría estar en el lugar de ninguna persona que crea o enseñe esas veinte declaraciones. *El Señor no me ha dicho nada* acerca de las personas que creen en esas ideas. Pero puedo decir una cosa con seguridad: solo es cuestión de tiempo para que aquellos que sostienen esos puntos de vista terminen por tener un profundo arrepentimiento.

Si mantienes estos puntos de vista pero cambias de opinión antes de que sea demasiado tarde, es probable que ese cambio se produzca después de que me vaya al cielo. Sin embargo, sería un legado satisfactorio que este libro en general, y el presente capítulo en particular, sirvan para algo.

Ruego sinceramente que el tono de este libro te conmueva. Escribo con amor sincero y preocupación genuina por el futuro del cuerpo de Cristo. Anteriormente dije que algunos de mis amigos sostienen estos puntos de vista y están al tanto de la publicación de este libro. Me preocupo por ellos y oramos los unos por los otros todos los días, pero aun así estoy profundamente preocupado por ellos.

Estoy convencido de que los puntos de vista de esas proposiciones no son bíblicos. Es más, creo que a Dios lo enojan los teístas abiertos, tanto evangélicos como carismáticos. El hecho de que Jesús volteara las mesas de los cambistas en el templo, debido a la ofensa que ello representaba para el Padre (Juan 2:14-16), y que hablara a la iglesia de Tiatira en términos de reprensión (Apocalipsis 2:18), me hacen pensar que Dios nos está juzgando *a todos nosotros* en la iglesia de hoy.

Es malo que un individuo se emocione por un profeta que lo llama por su nombre entre una congregación de miles, pero no se interese en los profetas elegidos por el Espíritu Santo para advertir a Estados Unidos sobre las crisis actuales que enfrentamos. Los profetas que predijeron la elección de Donald Trump no pudieron distinguir entre lo que ellos esperaban personalmente y lo que Dios había decidido de antemano. Después de todo, Dios todopoderoso puso a Joe Biden en la Casa Blanca (ver Romanos 13:1-7; Salmos 75:6-8). Nunca olvides que Nerón era emperador de Roma cuando Pablo nos ordenó que oráramos por los reyes y por todos los que están en altos cargos y cuando Pedro dijo: "Honra al emperador" (1 Timoteo 2:2; 1 Pedro 2:17).

Dios envió, cierta vez, un "espíritu de mentira en boca de todos sus profetas [los de Acab]" (1 Reyes 22:22). Así que, por favor, ora para que me haya equivocado en cuanto a que este acontecimiento se estaba repitiendo cuando casi todos los profetas predijeron la derrota de Joe Biden. ¿Por qué envió Dios el espíritu de mentira? Porque se enojó. Y mucho. Tanto es así que se registra en las Escrituras que: "El Señor ha decretado para usted la calamidad" (v. 23). ¿Calamidad? Sí. ¡Basta de seguir con la idea de que Dios no hace este tipo de cosas!

Si decido que Dios puede hacer solo lo que considero bueno y que Satanás está detrás de lo que no me parece bueno, es porque opto por creer eso. Pero esa no es la clara y sencilla enseñanza de la Biblia.

La iglesia de Tiatira enfureció a Dios, pero allí hubo fieles excepciones que no siguieron las falsas enseñanzas (Apocalipsis 2:24). Ezequiel profetizó que el juicio sobre el pueblo de Jerusalén era seguro debido a sus pecados contra Dios. Aunque hombres como Daniel, Noé y Job podrían ser salvados individualmente, esas vidas santas no impedirían el juicio venidero (Ezequiel 14:14). Asimismo, hay millones de carismáticos que aman a Dios y andan piadosamente. Hay millones de evangélicos que aman a Dios y viven de manera piadosa. Sin embargo, el hecho de que sean muchos no garantiza que el juicio de Dios pueda ser evitado.

Lo siento, pero opino que Dios ha juzgado a las personas pro-féticas, tanto a los que se parcializan por la izquierda, como los que se adhieren a la derecha y a los que se ubican en el centro. Si no fuera así, ¿qué otra explicación habría en cuanto a la manera en que se equivocaron con las elecciones presidenciales de 2020 y con el surgimiento del mayor desastre natural —como lo fue el COVID-19— ocurrido en nuestra generación?

Billy Graham dijo que su mayor temor era que Dios le retirara su mano. Este tipo de humildad es muy necesaria hoy en día. Siento que Dios ha juzgado a la iglesia simplemente retirando su mano de nosotros. Se ha dicho muchas veces: "Si el Espíritu Santo fuera completamente quitado de la iglesia hoy, el noventa por ciento del trabajo de la iglesia continuaría como si nada hubiera pasado". Esto muestra cuán complacientes se han vuelto las personas.

Y, sin embargo, no estoy diciendo que el Espíritu Santo se haya retirado por completo de la iglesia. Pero diré lo que creo que está bastante bien aceptado: el denominador común de muchos carismáticos y posiblemente también de los pentecostales hoy en día es la enseñanza de la prosperidad. Hace cincuenta años, el hilo que unía a carismáticos y pentecostales era en gran medida los dones del Espíritu Santo, sobre todo la sanidad. Pero parece que cuando las personas que estaban siendo sanadas empezaron a disminuir, como se experimentó con algunos de los teleevangelistas más famosos, el énfasis se desplazó a la enseñanza de la prosperidad. Estas nuevas enseñanzas fueron coherentes con el "¿Qué hay para mí?", pregunta que motiva a muchas personas. Lamentablemente, la pregunta: "¿Qué hay para Dios?" casi no se pregunta en estos días.

Mi temor es que la iglesia en Estados Unidos esté demasiado preocupada por la política. Y ese enfoque en la política está reemplazando la urgencia de ganar almas y salvar a los perdidos. Las iglesias no están creciendo como antes, y el porcentaje de personas que creen que Jesucristo es el único camino al cielo está disminuyendo cada año.

¿Ha quitado Dios su mano de la iglesia? Me temo que lo hecho. Por favor, ora para que me equivoque. Si Dios ha quitado su mano de la iglesia, espero que sea algo temporal. Es mi opinión que el mismo Jesús, descrito en el libro de Apocalipsis, que tiene ojos como "llama de fuego" y muestra su ira (Apocalipsis 2:18), nos está viendo en este momento. Pero es igualmente cierto que Dios nos advierte porque todavía hay esperanza. Jesús reprende y castiga —y advierte— a los que ama (Apocalipsis 3:19).

Mi esperanza, por lo tanto, es esta: si el juicio silencioso de Dios fue lo que estuvo tras el fracaso de su pueblo en cuanto a ser advertido de la pandemia de COVID-19, mi oración y mi esperanza es que su juicio silencioso sea paralelo a su juicio con gracia, sirviendo como un llamado de atención para que cambiemos. Sin embargo, esto significa que todavía hay esperanza. Los desastres y calamidades de nuestros tiempos son el alerta de Dios para llamar nuestra atención y caigamos arrodillados en arrepentimiento.

Capítulo 10

INTEGRIDAD PROFÉTICA

Un llamado a la franqueza, la sensibilidad y al arrepentimiento

"Sin embargo, tengo en tu contra que has abandonado tu primer amor. ¡Recuerda de dónde has caído! Arrepiéntete y vuelve a practicar las obras que hacías al principio. Si no te arrepientes, iré y quitaré de su lugar tu candelabro. Pero tienes a tu favor que aborreces las prácticas de los nicolaítas, las cuales yo también aborrezco".

—APOCALIPSIS 2:4-6

La iglesia, en estos tiempos, se enfoca más en la apariencia que en el fervor por Dios; es más patética que profética, es más superficial que sobrenatural.

—LEONARD RAVENHILL (1907-1994)

Hay esperanza. La esperanza es una expectativa real. Tal vez se sorprenda el hecho de que yo crea que el juicio silencioso de Dios será paralelo a su juicio misericordioso, a pesar de la oscuridad que nos rodea, como mencioné al final del capítulo anterior. Dios no nos advirtió sobre el COVID-19. Ningún profeta, ningún político, ningún multimillonario, ningún cristiano y ningún musulmán puede recibir crédito por decir: "Se los dije". Sin embargo, el juicio misericordioso de Dios con más de 900.000 muertes hasta ahora, solo en Estados Unidos, aún no nos ha despertado. No hemos cambiado. Algunos cristianos ya se están enfocando en las próximas elecciones presidenciales en 2024. Al momento de escribir este libro, nuestras preguntas son triviales: "¿Cuándo volverá la vida a la normalidad? ¿Cuándo podremos ir a ver fútbol y béisbol en persona o ir a nuestros restaurantes favoritos sin preocuparnos por los protocolos del COVID-19?".

¿Acaso nos despertará otra pandemia, pero diez veces peor que la del COVID-19? Me temo que no, a menos que vaya acompañada del llamado eficaz del Espíritu Santo. El llamado de atención del COVID-19 no nos ha cambiado. La violencia en las ciudades que ocurrió al mismo tiempo tampoco lo ha hecho.

Como muchos, pensé que cambiaríamos después del trágico 11 de septiembre de 2001. Después que los aviones se estrellaron en Nueva York, Pensilvania y cerca de Washington, D.C., surgió un sentimiento de familiaridad. Hubo un aumento temporal en la asistencia a la iglesia combinado con un poco de patriotismo. Pero eso duró unos pocos meses.

Sin embargo, estoy convencido de que se avecina un gran despertar. Será global, posiblemente comenzará en Gran Bretaña. La combinación simultánea de la Palabra y el Espíritu causará una combustión espontánea. Al comprender la muerte y el juicio que les espera, finalmente la gente saldrá de su apatía. Se avecina un regreso a una fe firme en la Biblia, a la predicación del evangelio como se enseña en Romanos 4, y a la manifestación de sanidades reales. Ese despertar vendrá de repente y captará la atención de los medios de comunicación y del mundo en un breve período de tiempo.

Como en todos los movimientos anteriores del Espíritu desde Pentecostés, no todos serán salvos. Pero se salvarán millones, incluidas las conversiones más sorprendentes. Creo que el próximo gran mover de Dios será liderado por africanos, afroamericanos, hispanos, coreanos, chinos, estudiantes universitarios y mileniales. Llevará a muchos musulmanes a los pies de Cristo. La ceguera de muchos judíos será eliminada. Este renacimiento estará desprovisto de superestrellas. Será un estallido simultáneo del temor del Señor y el gozo del Señor. La gente no solo creerá que Jesucristo es el único camino a Dios y al cielo; creerán que Jesús viene pronto. Un gran valor y la manifestación de la obediencia serán una brillante evidencia del venidero mover del Espíritu Santo. La persecución será tan común como la salvación de las personas.

Dios le dijo a Josué anticipadamente que la ciudad de Jericó sería derrotada a pesar de que estaba fuertemente fortificada: "¡He entregado en tus manos a Jericó, y a su rey con sus guerreros!" (Josué 6:2). La victoria ya había ocurrido, en lo que a Josué se refería. Asimismo, Jesús dijo lo siguiente: "Crean que ya han recibido todo lo que estén pidiendo en oración, y lo obtendrán" (Marcos 11:24). Pero los hijos de Israel aún tenían que marchar alrededor de Jericó una vez cada día durante seis días y siete veces el séptimo día (Josué 6:3-4) antes de que cayeran los muros de Jericó. Los hijos de Israel hicieron precisamente eso, los muros cayeron y conquistaron la ciudad en horas (vv. 15-21). Los israelitas deben haberse sentido como unos tontos mientras marchaban. Qué cosa tan ridícula, pensarían. Pero eso era lo que Dios requería, y funcionó.

Dios siempre requiere que aquellos a quienes usa acarreen un estigma: bochorno y oprobio. El estigma se describe en una palabra: vergüenza. Hasta que estemos dispuestos a pasar vergüenza, es probable que Dios no nos use.

Un viernes por la tarde, en febrero de 1956, manejaba al lugar donde ejercía mi pastorado estudiantil en Palmer, Tennessee. Justo cuando salía de Nashville, tuve una visión acerca de una chica rubia con cabello largo y lacio que vestía una túnica gris y plateada en un coro como el de las iglesias. Y debido a que esa visión me ocurrió después de que mi novia me dejó plantado, estaba completamente convencido de que Dios estaba pronosticando a mi futura esposa. Les conté esta visión a docenas de mis amigos. En el anuario de los alumnos de Trevecca, muchos escribieron: "Espero que consigas la rubia". También le conté esa visión a mi papá. Incluso se lo dije al Dr. William Greathouse, el Decano de Religión en Trevecca Nazarene College. Es imposible describir la vergüenza que sentí años después cuando le presenté a mi prometida, Louise, una morena de cabello corto y rizado, a mi papá, sin mencionar nuestro encuentro con el Dr. Greathouse durante nuestra luna de miel. Mi mayor temor era que el Dr. Greathouse se sintiera desconcertado, lo que ocurrió exactamente cuando le presenté a Louise.

No tuve elección. Tuve que presentar a Louise, aunque fue vergonzoso para mí. Como verás, me fue mal con esa visión, muy mal. Es probable que preguntes: "¿Por qué te casaste con Louise y no esperaste a que llegara la rubia?". Mi respuesta más sencilla es: porque me enamoré de Louise. Todos los caballos y todos los hombres del rey no podrían haber impedido que me enamorara de ella. Eso fue hace sesenta y tres años. Nunca podría describir apropiadamente la maravillosa esposa que ha sido Louise todo este tiempo. Por cierto, tanto mi papá como el Dr. Greathouse enloquecían por ella. Nunca he dudado de haber tomado la decisión correcta, pero tampoco he dudado de que tuve aquella visión clara de la chica rubia. Hasta hoy creo que la visión fue de Dios, pero malinterpreté su propósito para mí. Uno de los propósitos, por supuesto, era humillarme y enseñarme una dura lección sobre los misteriosos caminos y propósitos de Dios. Eso también muestra cómo lo que parece ser una interpretación obvia puede no ser la correcta, ¡en absoluto!

Cuento esta vergonzosa historia porque simpatizo con aquellos profetas que se equivocaron con la reelección de Donald Trump el 3 de noviembre de 2020.

Tarde o temprano debemos elegir: O nos humillamos nosotros o nos humilla Dios. Me avergüenza decir que Dios me ha humillado muchas más veces que las que yo lo he hecho ante él.

La verdadera espiritualidad puede entenderse, en parte, como el cierre de la brecha temporal entre el pecado y el arrepentimiento. Más precisamente, en palabras del lenguaje de Levítico 6:4, este es un intervalo de tiempo entre el pecado y el momento en que te *percatas* de tu culpa. En otras palabras, ¿cuánto tiempo te lleva admitir que has pecado? ¿O que cometiste un error o que te equivocaste? ¿O que entristeciste al Espíritu? Para algunos de nosotros, esto lleva años y años. Podemos decir: "¡Nunca admitiré que me equivoqué!" y mantenernos firmes. Otros tardan meses antes de retractarse. Algunos tardan semanas, días o algunas horas. Otros admiten sus fracasos en minutos. Y hay los que, incluso, ¡se arrepienten en segundos!

Si reducimos la brecha de tiempo a segundos, podríamos acercarnos a conocer los caminos de Dios y tener una mejor idea de cuán cerca estamos de contristar al Espíritu Santo. Es difícil, para nosotros, percibir que hemos ofendido al Espíritu. Por ejemplo, cuando Sansón le reveló su secreto a Dalila, no sintió nada porque no sabía que el Señor lo había dejado (Jueces 16:20). Pero podemos aprender a acortar el lapso de tiempo entre nuestro pecado y el arrepentimiento para que podamos sentir cuando contristemos al Espíritu. "Y no contristéis al Espíritu Santo de Dios, con el cual fuisteis sellados para el día de la redención" (Efesios 4:30 RVR1960). La principal forma en que contristamos al Espíritu es con la *amargura*, que lleva al resentimiento y a la falta de voluntad para perdonar. Esto está respaldado por lo siguiente que dice Pablo después de advertirnos que no contristemos al Espíritu: "Quítense de vosotros toda amargura, enojo, ira, gritería, calumnia y toda malicia" (v. 31). Pablo luego agrega: "Sed benignos unos con otros, misericordiosos, perdonándoos unos a otros, como Dios os perdonó a vosotros en Cristo" (v. 32).

Una de las cosas más importantes que he aprendido acerca de los caminos de Dios es que él no romperá las reglas por ninguno de nosotros. Por ejemplo, Dios se enojó con el antiguo Israel porque "no han reconocido mis caminos" (Hebreos 3:10). Todos tenemos nuestros caminos. Es posible que no te gusten los míos y puede que no me gusten los tuyos. Es probable que tampoco nos gusten los caminos de Dios, algo mucho más serio. A los hijos de Israel no parecía gustarles los caminos de Dios, pero el mayor deseo de Moisés era conocer esos "caminos" (Éxodo 33:13). Cuanto antes aprendamos a cerrar la brecha de tiempo entre nuestros errores y cuando los admitamos, es más probable que conozcamos los caminos de Dios.

Cuando predicaba cada semana en la Capilla de Westminster, comenzaba a preparar mis sermones los lunes. Necesitaba seis días para asegurarme de que el sermón estuviera listo para el domingo por la mañana. Solo una vez, en veinticinco años, esperé hasta el sábado a fin de empezar a prepararme para el domingo por la mañana. Había estado demasiado ocupado durante toda esa semana. Nunca olvidaré la sensación de malestar que tuve ese sábado por la mañana. Oré así: "Señor, ten la amabilidad de compensar mi falta de preparación y ayúdame hoy a tener un sermón adecuado para mañana. Que no haya interrupciones, ni llamadas telefónicas, ni nadie que llame a la puerta". Eran las 9:00 de la mañana. De repente, Louise y yo discutimos. En Kentucky, llaman a eso, un "encontronazo", fue terrible. Pensé que ella era ¡horrible! Cerré la puerta de un portazo, fui a mi escritorio y agarré una hoja de papel en blanco para escribir el bosquejo del sermón, abrí las páginas de la Biblia con enojo mientras oraba: "Trata con esta mujer, por favor, Señor".

Dos horas después, la hoja de papel seguía en blanco. Tenía la Biblia abierta ante mí, pero ningún pensamiento entró en mi mente. No surgía un solo pensamiento. Alrededor de la 1:00 de la tarde, estaba empezando a aprender que Dios no iba a torcer las reglas por mí solo porque yo era un predicador que iba a exponer su Palabra. A las 2:00, empecé a entrar en pánico. "Señor, por favor ayúdame. Sabes que cada palabra que pronuncie mañana dará la vuelta al mundo. Tienes que ayudarme". Un silencio inicial del cielo fue seguido por lo que parecía ser una voz poco comprensiva que decía: "¿En serio?". Llegaron las 4:00 de la tarde. (El intervalo de tiempo ahora era de siete horas). Fui a la cocina y vi a Louise parada allí llorando.

—Cariño, lo siento —comencé—. Todo fue culpa mía.

—No, todo no fue culpa tuya —respondió ella—. En parte, fue mía.

—No —insistí—. *Todo* fue por mi culpa.

Nos abrazamos. Nos besamos. Luego volví al mismo escritorio con la misma Biblia y la misma hoja de papel en blanco. Entonces los pensamientos comenzaron a fluir más rápido de lo que podía escribir. En menos de cuarenta y cinco minutos tenía todo lo que *necesitaba* para el sermón del domingo.

El Espíritu Santo entristecido se convirtió en el Espíritu Santo sin tristeza. Mi experiencia muestra que podemos lograr más en cinco minutos cuando el Espíritu Santo desciende que en cinco años si tratamos de arreglar las cosas o evitamos admitir que nos equivocamos.

Y, sin embargo, todos detestamos admitir cuando nos equivocamos. El hecho es que a veces todos nos equivocamos.

En general, Dios ha quitado su mano de la iglesia, incluidos los evangélicos sensatos y los carismáticos sinceros, sin mencionar el movimiento profético.

En cuanto a los evangélicos, diré lo que temo de muchos de ellos. Muchos han abandonado su llamado original a defender el evangelio: enseñar y predicar, sin cesar, que Dios envió a su Hijo al mundo para morir en una cruz por nuestros pecados. Nuestro mandato es predicar este evangelio y hacer todo lo que podamos para salvar a los perdidos de un infierno eterno. Por desdicha, me temo que muchos se han apasionado más por la política que por ganar almas.

Los cristianos siempre deben odiar las cosas que Dios odia. Debemos amar a las personas, pero también debemos odiar el pecado que cometen. Jesús reconoció que aunque la iglesia de Éfeso había abandonado su primer amor, todavía odiaba ciertas cosas que Dios odiaba. Así que los elogió: "Pero tienes a tu favor que aborreces las prácticas de los nicolaítas, las cuales yo también aborrezco" (Apocalipsis 2:4-6).

Espero no estar siendo injusto, pero a veces me pregunto si nuestro odio por cosas como el aborto y la forma en que se está socavando el matrimonio bíblico es la manera en que justificamos nuestra preferencia por interesarnos más en cuanto a quién es o va a ser el presidente, que por ganar a los perdidos para Cristo.

Odiar las cosas que Dios odia no es suficiente. Aunque Jesús elogió a la iglesia de Éfeso por odiar lo que Dios odia, los santos allí no tenían toda la razón. Todavía necesitaban volver al "amor que [tenían] al principio" (v. 4). Así, Jesús le dio a la iglesia de Éfeso una llamada de atención.

Queremos que se restablezcan los valores estadounidenses tradicionales. Queremos que termine el COVID-19. Todos queremos una mejor calidad de vida. Todas estas son cosas buenas.

Sin embargo, también debemos recordar que *esta vida no es todo lo que hay*. Todos vamos a morir, y después de la muerte viene el juicio (Hebreos 9:27). *Esta es la razón por la que Jesús murió*. Esto es lo que finalmente le importará a todo ser humano: ¿Qué nos sucede después de morir y dónde pasaremos la eternidad?

Se han hecho algunos estudios importantes acerca de la doctrina de la gracia entre los Padres Apostólicos (los líderes cristianos del primero y segundo siglos). Me sorprendió saber que aquellas personas a las que había admirado —y todavía lo hago, especialmente porque algunas de ellas murieron por la fe— no eran conocidas por defender el evangelio de la gracia que Pablo había enseñado en Romanos y Efesios. No estoy diciendo que no creyeron en el evangelio; por supuesto que lo hicieron. Pero si lees lo que en verdad escribieron y lo que parecen haber considerado como prioridad, la salvación por gracia sola no era de lo que parecían hablar. Lo que se ha demostrado de manera convincente es que la enseñanza de la salvación solo por gracia, como se enseñó a la iglesia de Éfeso (ver Efesios 2:8-9), cayó bajo una nube y fue eclipsada por un énfasis en el moralismo y las buenas obras durante el segundo siglo. Esto es coherente con la palabra de Jesús a la iglesia de Éfeso en Apocalipsis 2:1-7, que fue escrita justo antes del comienzo del segundo siglo, diciendo que los santos allí ya habían abandonado su "primer amor". El primer amor de los efesios había sido una vez el evangelio de la gracia, y el primer amor de todo cristiano debe ser siempre el *evangelio*. Las buenas obras son importantes, por supuesto que lo son. La vida piadosa es importante. Los dones del Espíritu son importantes. Pero como Dios amó tanto al mundo que dio a su Hijo para que muriera por los pecadores, debemos desear sobre todo ver a la gente acudir a Cristo.

No me canso de repetirlo: nuestro primer amor debe ser siempre el evangelio y ver a las personas salvarse.

Nuestras prioridades han perdido el foco hace demasiado tiempo. "Porque tanto amó Dios al mundo que dio a su Hijo unigénito, para que todo el que cree en él no se pierda, sino que tenga vida eterna" (Juan 3:16). El mandato de Dios a la iglesia es predicar el evangelio. Insisto en lo que dijo Arthur Blessitt: "'El latido del corazón de Dios' es ver a la gente venir a Cristo".

Por supuesto, hay cristianos que priorizan ver salvos a los perdidos. Doy gracias a Dios por esas excepciones. Pero hasta que la iglesia regrese abrumadoramente a nuestro mandato principal, temo que "Ichabod" sea escrito sobre todos nosotros: *la gloria de Israel se ha ido* (ver 1 Samuel 4:21).

Ruego por la franqueza, por vergonzoso que pueda ser para nosotros. Oro por la sensibilidad. Jesucristo pudo haber mostrado su gloria y evitado la vergüenza de la cruz y resucitado a más Lázaros de entre los muertos. No solo eso, sino que pudo haber llamado a decenas de miles de ángeles para impedir la prueba dolorosa que estaba a punto de sufrir (Mateo 26:53). Pero no; fue "crucificado en debilidad" (2 Corintios 13:4).

Al soportar eso, Jesús demostró una gran fortaleza.

El arrepentimiento —cambiar de opinión y dejar de negarnos a admitir que nos equivocamos— es algo que solo Dios puede otorgar. Un estudio del arrepentimiento en la Biblia mostrará que es algo que Dios *permite* que uno haga, no algo que Dios está obligado a conceder. Cuando admitimos humildemente que nos equivocamos, Dios se complace y se honra. Lo que sigue son bendiciones en abundancia.

Nuestra actitud debe ser la del leproso que vino a Jesús y le dijo: "Señor, si quieres" (como si dijera: no tienes que hacerlo), "puedes limpiarme" (Mateo 8:2). Tenemos que pedir misericordia. Esto solo es posible cuando no tenemos nada que dar a cambio. Dios no nos debe nada. Nunca debemos olvidar esta verdad: Lo primero que se les instruyó a los cristianos hebreos desalentados fue que pidieran misericordia (Hebreos 4:16). Y como a Dios le encanta mostrar misericordia, nos la concederá cuando se la pidamos con humildad.

El llamado a la integridad profética es una invocación a ser franco y sensible, a arrepentirte cuando te equivoques. Sin embargo, si evitamos esta franqueza, esta sensibilidad y este arrepentimiento, el avivamiento se pospondrá o se nos impedirá ver el próximo despertar espiritual.

CONCLUSIÓN

A menudo digo que soy demasiado viejo para desobedecer a Dios. Por supuesto, todavía podría desobedecerlo si quiero comportarme como un tonto. Incluso si eres joven, todavía eres demasiado viejo para desobedecer a Dios. Después de todo, no importa cuál sea nuestra edad, aún podemos arruinarlo todo. Una lección que se puede aprender del rey Lear, de Shakespeare, es que no hay alguien más tonto que un viejo. Puedes ser viejo y ser tonto, o puedes ser joven y sabio. Puedes ser viejo y ser irrelevante: Dios no usó a Moisés hasta que cumplió los ochenta (Éxodo 7:7). Puedes ser joven e irrelevante: el rey Saúl solo tenía unos cuarenta años cuando Dios lo rechazó (1 Samuel 16:1).

¿Quieres ser parte del próximo despertar espiritual? A continuación te muestro cinco maneras de saber si calificas para ser parte del próximo movimiento del Espíritu:

1. Si te consideras a ti mismo como la persona menos probable que Dios pudiera usar, calificas.
2. Si has sido un gran pecador pero conoces el perdón de Dios a través de la sangre de Jesús, calificas.
3. Si prácticamente nadie te conoce, calificas.

4. Si no te avergüenzas del evangelio y de la sangre de Jesús, calificas.

5. Si estás dispuesto a pasar vergüenza ante los que conoces y los que no conoces, calificas.

Ya terminé de escribir este libro.

Que la gracia de nuestro Señor Jesucristo, el tierno amor de Dios Padre, y la bendición y la aspersión de la sangre de Jesús por el Espíritu Santo sean tuyos ahora y siempre. Amén.

R. T. KENDALL

CASA CREACIÓN

Editorial Nivel Uno

PRESENTAN:

Para vivir la Palabra

www.casacreacion.com

CASA
CREACIÓN

Te invitamos a que visites nuestra página web, donde podrás apreciar la pasión por la publicación de libros y Biblias:

www.casacreacion.com

 @CASACREACION

 @CASACREACION

 @CASACREACION

Para vivir la Palabra